Teoria musical para crianças

OLGA XAVIER DE OLIVEIRA

De acordo com o programa de "Iniciação Musical" da Escola de Música da Universidade Federal do Rio de Janeiro, antiga Universidade do Brasil.

Nº Cat.: 206-M

Irmãos Vitale Editores Ltda.
vitale.com.br
Rua Raposo Tavares, 85 São Paulo SP
CEP: 04704-110   editora@vitale.com.br   Tel.: 11 5081-9499

© Copyright 1960 by Irmãos Vitale Editores Ltda. - São Paulo - Rio de Janeiro - Brasil.
Todos os direitos autorais reservados para todos os países. *All rights reserved*.

CIP-BRASIL. CATALOGAÇÃO NA FONTE
SINDICATO NACIONAL DOS EDITORES DE LIVROS - RJ.

O48t

Oliveira, Olga Xavier de,
   Teoria musical para crianças / Olga Xavier de Oliveira - 8. ed. - São Paulo : Irmãos Vitale, 2012.
152 p.

ISBN 978-85-7407-376-7

1. Música - Teoria elementar. I. Título.

12-8655.		CDD: 780.2
		CDU: 781
27/11/2012	30/11/2012	041032

À Nayde Jaguaribe de Alencar Sá Pereira,
Catedrática de Iniciação Musical
da Escola Nacional de Música,
Professora ilustre e dedicada,

Minhas homenagens.

À infância
dedico este caderno.

PREFÁCIO

Até que enfim surgiu algo de novo no campo do ensino elementar da música, com a publicação deste livrinho **"Teoria Musical Para Crianças"**, de **Olga Xavier de Oliveira**.

É incrível que, no nosso meio, ninguém tivesse ainda cogitado de escrever uma Teoria Musical para os jovens, numa linguagem diferente, compreensível e interessante.

Não nos referimos, é claro, a certos livros que, tendo o mesmo objetivo, contudo são inteiramente falsos, na sua infantilidade postiça. Esses autores supõem que uma criança vai adorar histórias de rainhas e princesas, bruxas e anõezinhos, e mais a "Dona Clave de Sol", o "Reino da Música" e a "Cidade Pentagrama", bagatelas como essas, tão pobres de valor imaginário. E acreditam que os jovens leitores vão engulir semibreves, mínimas e semínimas, em pastilhas açucaradas, sem perceber o ressaibo amargo desse produto falsificado.

A literatura dedicada à **Teoria Musical** apresenta-se, quase sempre, como se fosse escrita exclusivamente para adultos, de tão árida que é. No entanto, são os jovens que mais necessitam de obras dessa especialidade, e delas mais fazem uso.

Apareceu recentemente um livro de Teoria Musical para a juventude, bem redigido e de aspeto gráfico bastante agradável. Pena que a autora tenha conservado ainda a mesma secura que os mestres da Teoria julgam ser indispensável.

Olga Xavier de Oliveira, ao contrário, teve a grande habilidade de escrever um livro que dá a impressão de estar a criança em contato direto com a professora. É que D. Olga, além de ser pianista e compositora, possui o dom muito raro de compreender e amar a criança. Especializada em **Iniciação Musical**, pela Escola Nacional de Música, prestou durante 3 anos o seu valioso concurso como estagiária nas classes sob a direção da catedrática **Nayde Jaguaribe de Alencar Sá Pereira**.

É de esperar que esta obra alcance o êxito que merece, dada a orientação renovada que a autora soube imprimir ao seu livro, incluindo canções infantis, passatempos musicais e arranjos para bandinha, novidades estas que emprestam vida à desidratada **Teoria Musical**.

Antonio de Sá Pereira
Catedrático de Pedagogia aplicada à música, da Escola
Nacional de Música, da Universidade do Brasil.
Rio, junho de 1960

INTRODUÇÃO

A reforma do ensino elementar da Música surgiu por volta de 1900, com o pedagogo suíço Jaques Dalcroze.

Professor de harmonia no Conservatório de Genebra, Dalcroze, depois de muito observar e fazer inúmeras experiências, chegou à conclusão de que o ensino elementar da Música deveria começar pelo som, e não por símbolos e regras.

Seus alunos eram estudiosos e realizavam suas harmonizações de acordo com as normas aprendidas, porém, de um modo mecânico. Não sabiam ouvir mentalmente. Faltava-lhes algo de fundamental.

Através de exercícios adequados à mentalidade infantil (dizia Dalcroze), a criança deveria ser preparada intuitivamente em sua tenra idade, desenvolvendo o senso rítmico e auditivo, para mais tarde, então, entrar no estudo sério da teoria.

Partindo desse princípio, Dalcroze resolveu abandonar a cadeira de Harmonia, para dedicar-se à reforma do ensino elementar da música.

Seu sistema foi baseado na alegria e beleza do movimento ritmado, na educação da vista, do ouvido e do senso rítmico.

Criou a ginástica rítmica, partindo da seguinte idéia: "Se a música é movimento, a criança compreenderá e sentirá melhor, se tomar parte ativa nesse movimento".

Como em todas as grandes iniciativas, Dalcroze foi muito combatido, a ponto de abandonar seu país e ir para a Alemanha, fundando em Hellerau, nos arredores de Dresden, a primeira escola Dalcroze.

Apoiado por um grupo de idealistas, seus planos se difundiram e foram, afinal, bem acolhidos.

Mais tarde, voltou à sua terra natal, para fundar o "Instituto Jacques Dalcroze", desta vez com grande simpatia de seus conterrâneos.

Os continuadores de Dalcroze são vários; entre eles está *Antonio de Sá Pereira*, pedagogo brasileiro, a quem devemos a reforma do ensino elementar da música no Brasil.

Em viagem de estudos na Europa, Sá Pereira teve ocasião de visitar a escola Dalcroze e assistir a várias demonstrações públicas.

Não posso deixar de transcrever aqui um trecho de seu livro "Ensino Moderno de Piano" em que diz: "Em exibições da Escola Dalcroze, vi crianças de 8 e 9 anos fazerem coisas simplesmente espantosas, em matéria de: solfejo à primeira vista, entoação absolutamente certa de intervalos difíceis, demonstrações de ouvido absoluto, marcação de compassos desencontrados, memorização instântanea, etc. Nenhuma delas, entretanto, tinha ainda começado o estudo instrumental, nenhuma sabia tocar piano, mas eram já todas perfeitas musicistas, aptas a fazer um rapidíssimo curso de piano".

Entusiasmado, Sá Pereira retornou ao Brasil, decidido a introduzir o método Dalcroze no ensino elementar da música. Em 1937, entrou em contato com vários educadores os quais, aprovando suas idéias, procuraram todos os meios para que estas se concretizassem.

Destacamos o saudoso Maestro Oscar Lorenzo Fernândez, então diretor do Conservatório Brasileiro de Música, que, imediatamente, fez instalar no referido estabelecimento, o novo curso, denominado *Iniciação Musical*.

Sua direção foi confiada a seu idealizador e fundador Antonio de Sá Pereira, tendo como colaboradora *D. Liddy Chiaffarelli Mignone*, Professora daquele Conservatório.

No mesmo ano, conseguiu Sá Pereira que se criasse, como "extensão universitária" um curso idêntico na Escola Nacional de Música, sendo sua colaboradora *Nayde Jaguaribe de Alencar*, hoje Senhora Sá Pereira, catetedrática de Iniciação Musical na referida escola.

Todavia, somente em 1946 foi o curso incorporado ao currículo da Escola Nacional de Música, cabendo à Maestrina *Joanídia Sodré*, o mérito de ter oficializado o referido curso.

"O objetivo da Iniciação Musical é «musicalizar» a criança, levando-a a sentir a beleza da música e desenvolver intuitivamente sua percepção de ritmo e de audição". (A. Sá Pereira).

Prepara-se a criança, intuitivamente, desenvolvendo-lhe o senso rítmico e auditivo através de: jogos variados, coro, danças folclóricas, apreciação musical, bandinha rítmica, fornecendo-lhe ao mesmo tempo noções indispensáveis ao estudo inicial de qualquer instrumento.

Os resultados colhidos nestes 23 anos têm sido surpreendentes, motivo que nos animou a elaborar este modesto trabalho, destinado às crianças que já tenham passado pela primeira, segunda e terceira fase da Iniciação Musical.

Este é o Caderno Pré-Teorico

Rio, 5 de julho de 1960

Snra. Prof.ª Olga Xavier de Oliveira

Li sua obra — "Teoria Musical para Crianças" —, *com atenção e interesse.*

É um trabalho digno de nota, e que, asseguro, alcançará o objetivo almejado.

Considero-o, no gênero, um trabalho de alto valor.

Cordialmente,

Maria Luisa de Mattos Priolli
(Professora Catedrática da Escola Nacional de Música, da Universidade do Brasil).

Rio, julho de 1960

Exma. Sra. Prof.ª Olga Xavier de Oliveira

Li com interesse e prazer o seu trabalho "Teoria Musical para Crianças".

Tenho a certeza absoluta que ele será companheiro precioso e útil para os nossos pequenos, que tanto adoram a "Iniciação Musical" e detestam a "Teoria Musical", que é e continua um mundo fechado para eles, porque é sempre só "Teoria incompreendida"!

Parabens portanto às nossas crianças e à autora de tão feliz realização!

Liddy Chiaffarelli Mignone

PRÉ-TEÓRICO

4.ª FASE DA INICIAÇÃO MUSICAL

Na primeira, segunda e terceira fase da Iniciação Musical, as crianças aprenderam música brincando.

Dançaram, cantaram, conheceram as figuras: o soldadinho ♩, a tia cansada ♩, as meninas apressadas para o colégio ♫, os meninos ligeiros atravessando a rua  e a vovozinha cansada 𝅝.

Bateram palmas, lendo desenhos rítmicos; aprenderam os nomes das notas musicais; conheceram músicas tristes e alegres; quando contam dois, três ou quatro tempos e também onde se bate a palma forte.

Conheceram os instrumentos de percussão; os de peles, tais como: tambor, pandeiro, tamborim; os de metal: triângulos, guisos, sinos, campainhas, pratos; os de madeira: coco, cabacinhas, pauzinhos, reco-reco, colheres de pau, lixa, castanholas etc.

Aprenderam também a dançar músicas folclóricas, essas músicas muito conhecidas mas que ninguém sabe quem inventou.

Agora vão aprender a **Escrever Música**.

Vocês já sabem que **Música** é uma arte, assim como: **Pintura, Desenho, Dança, Poesia, Arquitetura** e muitas outras.

PAUTA OU PENTAGRAMA

Para escrever música precisamos de um papel especial, pautado, com **grupos de cinco linhas e quatro espaços.**

Duvido que alguém encontre na escrita musical moderna, papel com **grupos de quatro ou mesmo seis linhas**; se tal acontecer, podem estar certos que não será papel para música.

Esses grupos chamam-se: **Pauta ou Pentagrama.**

É na **Pauta** que escrevemos músicas para: **Violino, Flauta, Órgão, Piano** e outros instrumentos.

Para as músicas de **Piano, Órgão, Harpa, Acordeão**, precisamos de duas **Pautas**. Devemos então passar um traço, unindo-as.

Pauta Superior   (Pauta de cima)

Pauta Inferior   (Pauta de baixo)

CLAVES

Existem várias **Claves,** porém as mais usadas são:

CLAVE DE SOL 𝄞 e **CLAVE DE FÁ** 𝄢

A CLAVE DE SOL mora no grupo superior (pauta de cima).

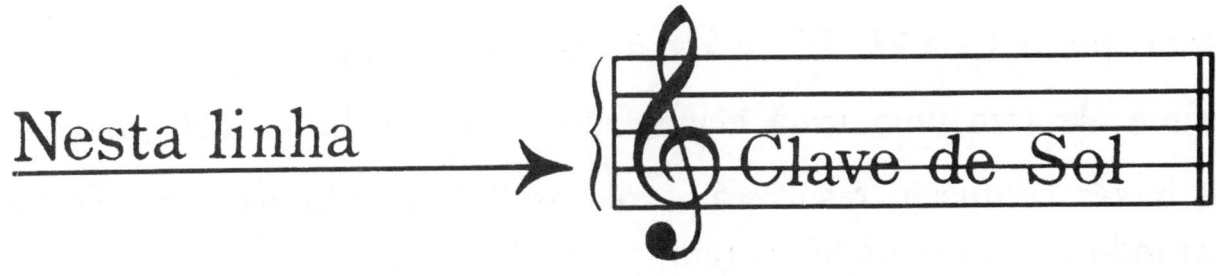

A CLAVE DE FÁ mora no grupo inferior (pauta de baixo).

Porque será que a **CLAVE DE FÁ** tem dois pontinhos?

— É porque ela tem uma irmã gêmea que mora na linha logo abaixo.

Para não haver confusão, resolveram colocar dois pontinhos, como se fosse um portãozinho, separando as casas onde moram.

I

PASSATEMPO MUSICAL

Cantar as melodias das **Claves:** de **SOL** e de **FÁ**, que vocês aprenderam no "Curso de Iniciação Musical".

Peçam à mamãe ou à titia, para acompanhá-los ao piano.

CLAVE DE SOL

Letra e Música de OLGA XAVIER DE OLIVEIRA

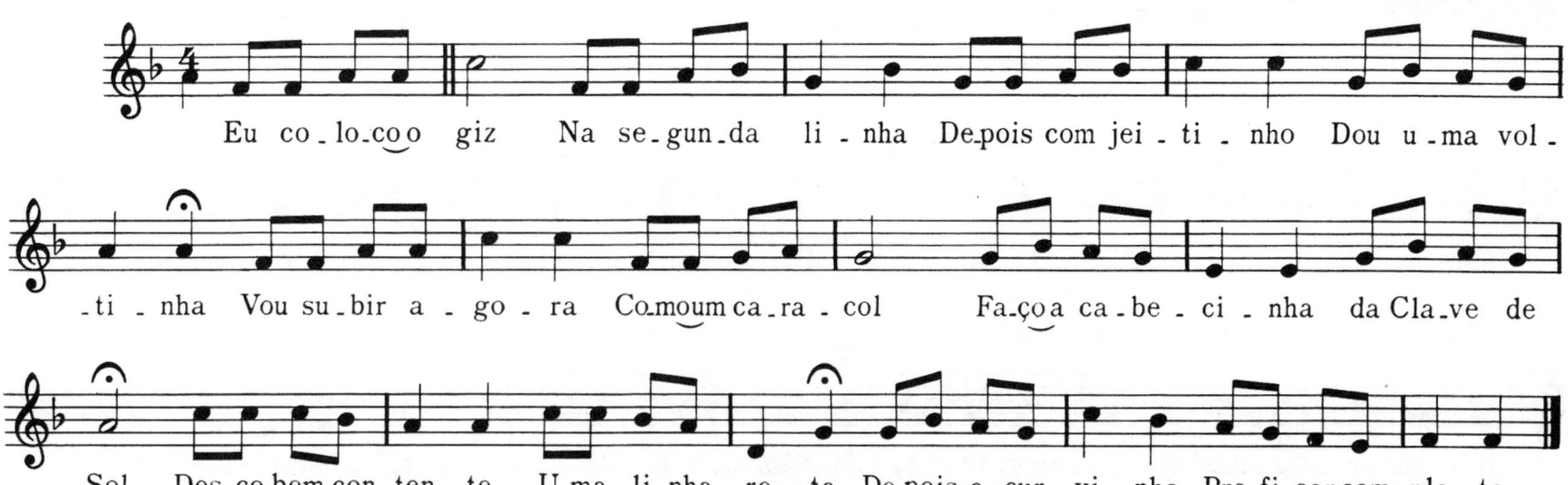

CLAVE DE FÁ

Letra e Música de **OLGA XAVIER DE OLIVEIRA**

EXERCÍCIO N.º 1

Vamos fazer muitos retratos da **CLAVE DE SOL** e da **CLAVE DE FÁ**.

Primeiro devemos unir as pautas. Não esqueçam que, para as músicas de piano, usamos a **CLAVE DE SOL** que mora no grupo superior, na segunda linha e a **CLAVE DE FÁ** que mora no grupo inferior, na quarta linha.

Exercício N.º 2

Vamos fazer mais retratos de **Claves de Sol** e **de Fá.**

Não esqueçam de colocar os pontinhos.

SINAIS DE COMPASSO

O **Compasso** é o dono da música. Ele vai nos dizer se a música conta dois, três, ou quatro tempos. Para isso, representamos com números.

O número que fica na parte superior chama-se "Numerador".

Se quisermos escrever uma música em **Compasso Binário**, isto é, que conte dois tempos, devemos escolher um dos seguintes sinais:

Ex.: $\frac{2}{♩}$ ou $\frac{2}{4}$, $\frac{2}{♪}$ ou $\frac{2}{8}$, $\frac{2}{\circ}$ ou $\frac{2}{2}$.

Reparem que na parte superior o numerador é sempre o número dois.

Para as músicas em Compasso Ternário, que contam três tempos, é só trocar o numerador (o número de cima) colocando o número três:

Ex.: $\frac{3}{♩}$ ou $\frac{3}{4}$, $\frac{3}{♪}$ ou $\frac{3}{8}$, $\frac{3}{\circ}$ ou $\frac{3}{2}$.

O **Compasso** que conta quatro, chama-se Quaternário; esse compasso também pode ser representado por uma letra. Vejamos:

$$C \text{ ou } \frac{4}{\quad} \;\; \frac{4}{4}, \;\; \frac{4}{\quad} \text{ ou } \frac{4}{8}, \;\; \frac{4}{\quad} \text{ ou } \frac{4}{2}.$$

O número superior (o numerador), é que indica quantos tempos tem o Compasso.

O **Compasso Binário** conta **dois**, o **Ternário** conta **três** e o **Quaternário** conta **quatro**.

EXERCÍCIO N.º 3

Quantos tempos contam os seguintes compassos?

Ex.:

$\dfrac{3}{♩}$ conta 3 ‖ $\dfrac{4}{♩}$ .... ‖ $\dfrac{2}{8}$ .... ‖ 𝐂 .... ‖

$\dfrac{3}{4}$ .... ‖ $\dfrac{2}{4}$ .... ‖ $\dfrac{4}{8}$ .... ‖ $\dfrac{2}{2}$ .... ‖

$\dfrac{4}{2}$ .... ‖ $\dfrac{2}{8}$ .... ‖ $\dfrac{3}{8}$ .... ‖ $\dfrac{3}{2}$ .... ‖

$\dfrac{2}{♩}$ .... ‖ $\dfrac{3}{♪}$ .... ‖ $\dfrac{4}{♪}$ .... ‖ $\dfrac{4}{♩}$ .... ‖

Vamos Bater (marcar) os Compassos.

Vocês já repararam bem no **Maestro** quando está regendo uma orquestra? Movimenta as mãos ora para um, ora para outro lado.

Alguns usam uma varinha chamada **Batuta**; seguram-na com a mão direita, nas pontas dos dedos, em sentido horizontal. Nos primeiros tempos, por serem os mais acentuados (fortes), **a Batuta** deverá estar voltada para baixo.

Compasso Binário

No compasso binário, o primeiro tempo é em baixo e o segundo em cima.

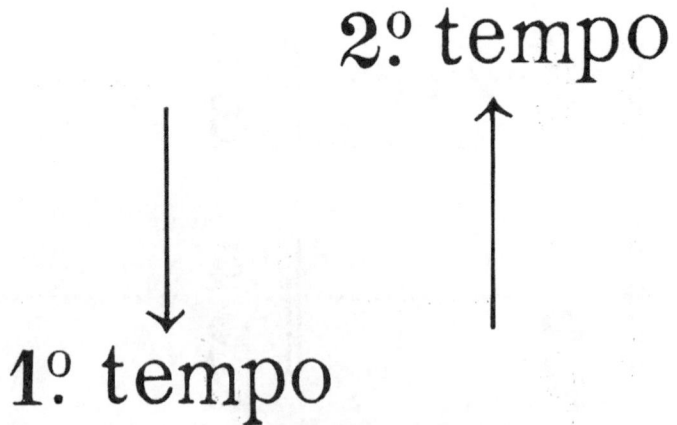

Compasso Ternário

No compasso ternário, o primeiro tempo é em baixo, o segundo à nossa direita e o terceiro em cima, na direção do 1.º tempo.

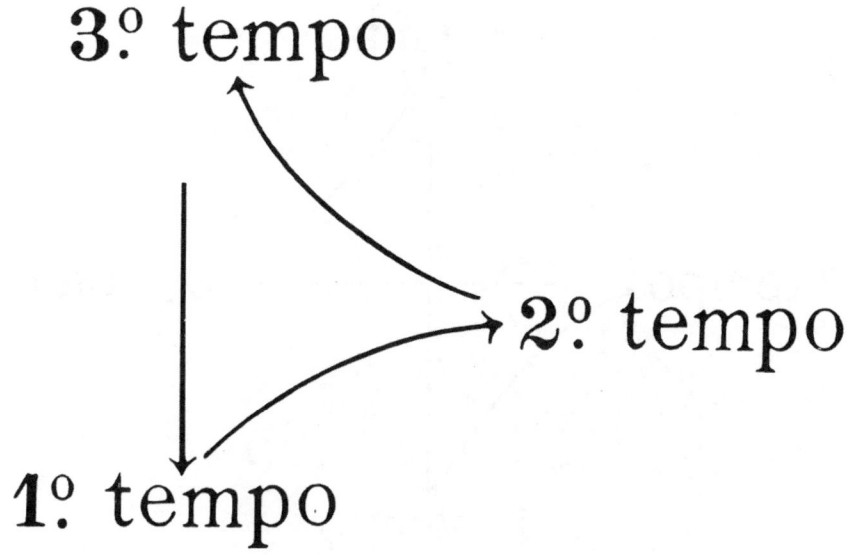

Compasso Quaternário

No compasso quaternário, o primeiro tempo é em baixo, o segundo à nossa esquerda, o terceiro à direita e o quarto em cima.

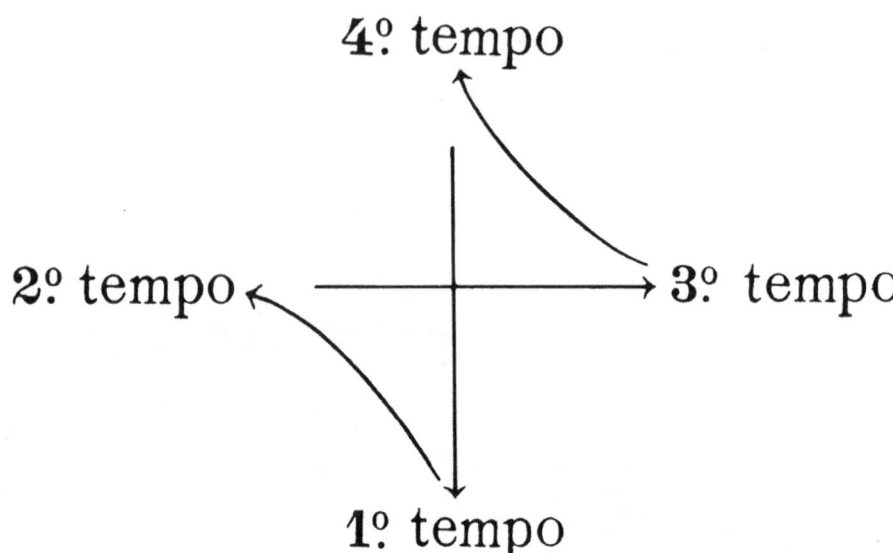

Exercício N.º 4

Vamos bater alguns compassos?

Como não temos **Batuta** bateremos palmas sempre no primeiro tempo, pois os primeiros tempos de todos os compassos são **fortes**.

Binário	$\frac{2}{4}$	—	Ternário	$\frac{3}{4}$
Quaternário	$\frac{4}{4}$	—	Binário	$\frac{2}{8}$
Quaternário	$\frac{4}{8}$	—	Ternário	$\frac{3}{8}$

AS SETE NOTAS

As sete notas são: **Dó - Ré - Mi - Fá - Sol - Lá - Si.**

Já sabemos que, para escrever música precisamos de:

1.º — um papel pautado;

2.º — colocar as claves;

3.º — colocar o sinal de compasso;

4.º — saber os nomes das notas.

Para a grafia das notas uniremos duas pautas e colocaremos as claves.

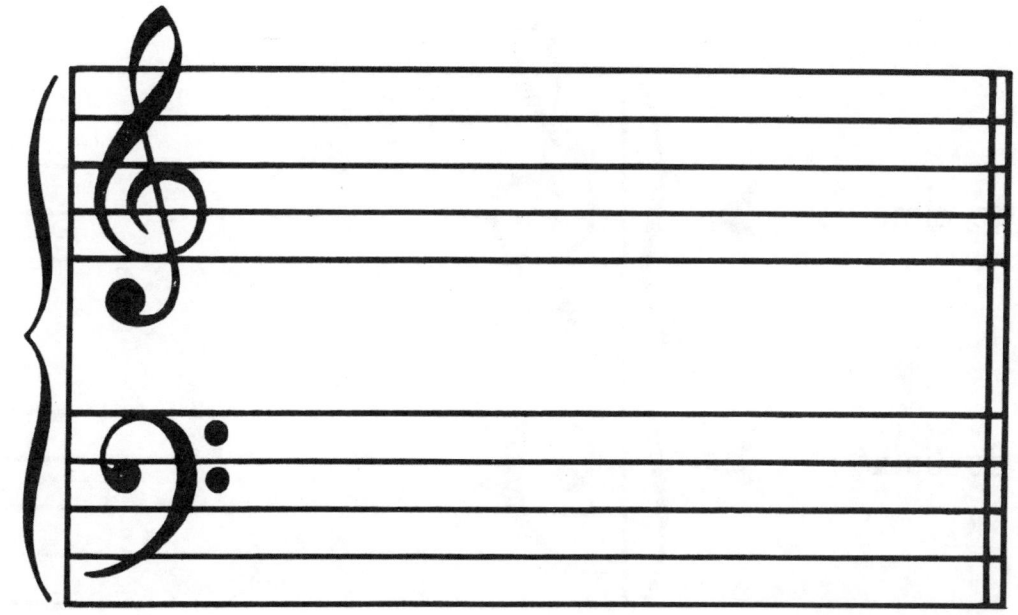

Vocês não acham mais interessante chamar as pautas de edifícios de apartamentos?

Clave quer dizer **Chave**; portanto, a **Clave de Sol** será a chave do edifício de cima e a **Clave de Fá,** do edifício de baixo.

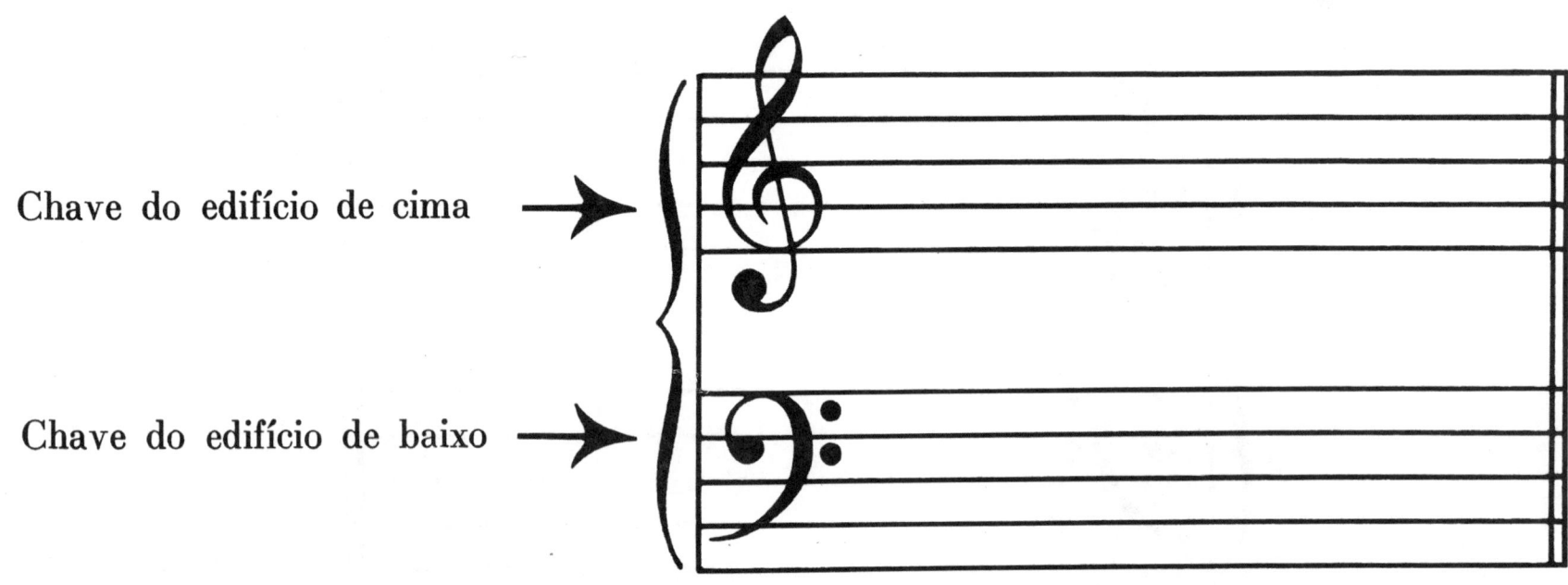

Agora vamos ver onde moram as notas; primeiro as três que usam chapéu: **Dó, La e Mi.**

O **Dó** está passeando na rua.

O **Lá** está no terraço do edifício de cima.

O **Mi** na garagem do edifício de baixo.

EXERCÍCIO N.º 5

Colocar as notas em seus lugares

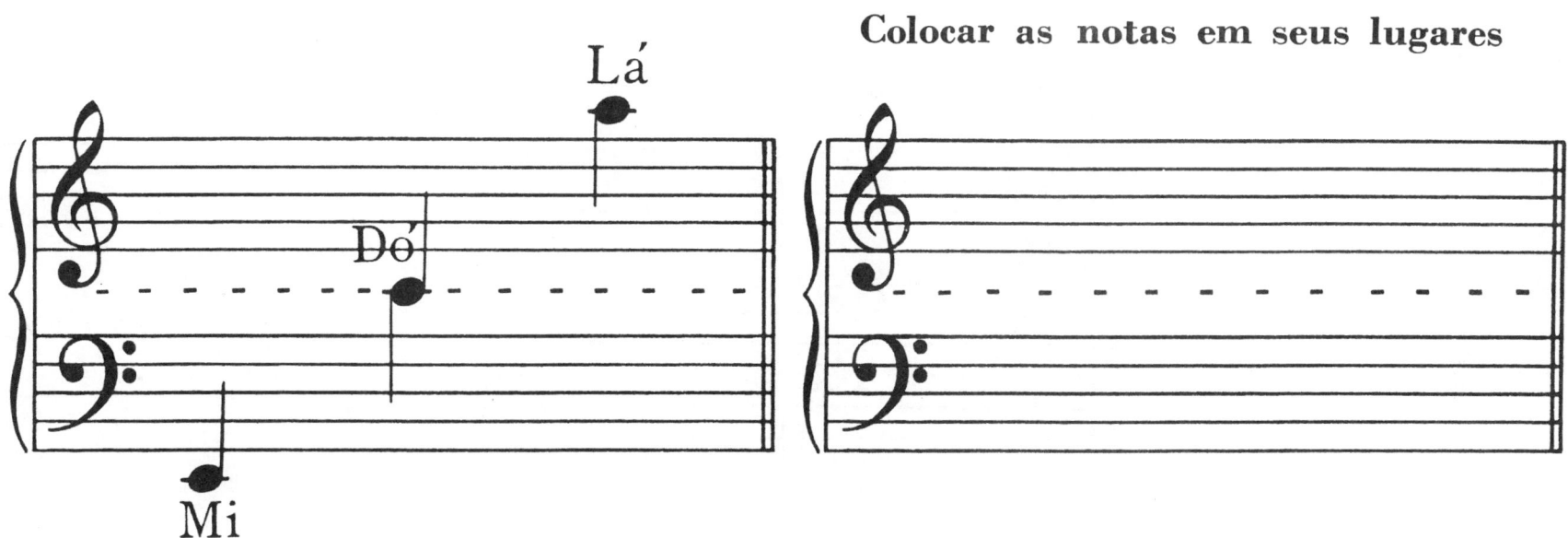

Não é suficiente saber os nomes das notas e os lugares onde moram, é preciso também, conhecer o som de cada uma. Será necessário que alguém toque ao piano; assim, vocês poderão gravar melhor.

As notas que moram no centro do edifício estão sempre na janela; são: o Si e o Ré.

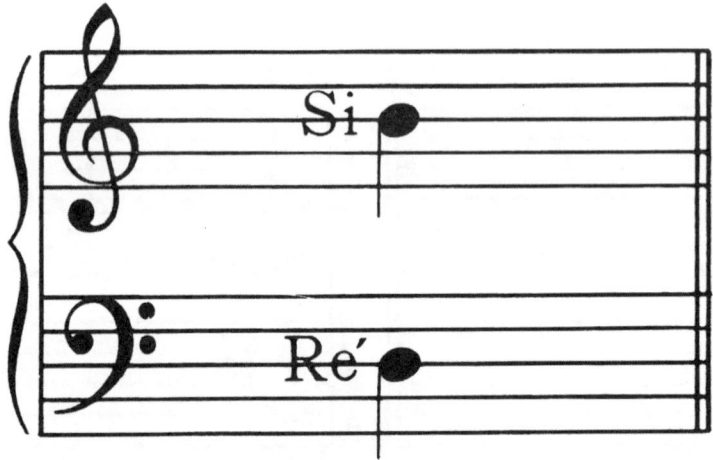

Com isto estamos conhecendo a morada de cinco notas.

Exercício N.º 6

Colocar os nomes das notas.

Se vocês ainda fizeram erros no exercício apresentado, convém repeti-lo, para depois irmos adiante.

A seguir vamos visitar as notas que moram nos primeiros e nos últimos apartamentos de cada edifício.

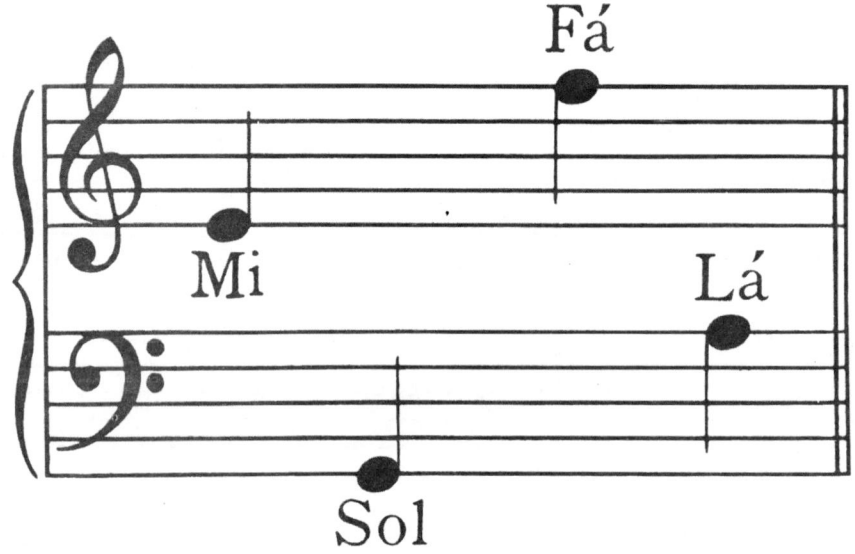

É muito simples guardar os endereços. Começaremos pelas notas **Mi** e **Fá** na pauta superior, **Sol** e **Lá** na inferior.

Exercício N.º 7

Colocar os nomes nas notas.

Vamos visitar duas notas que têm o nome das claves mais usadas: o **Sol** no edifício de cima, e o **Fá** no de baixo.

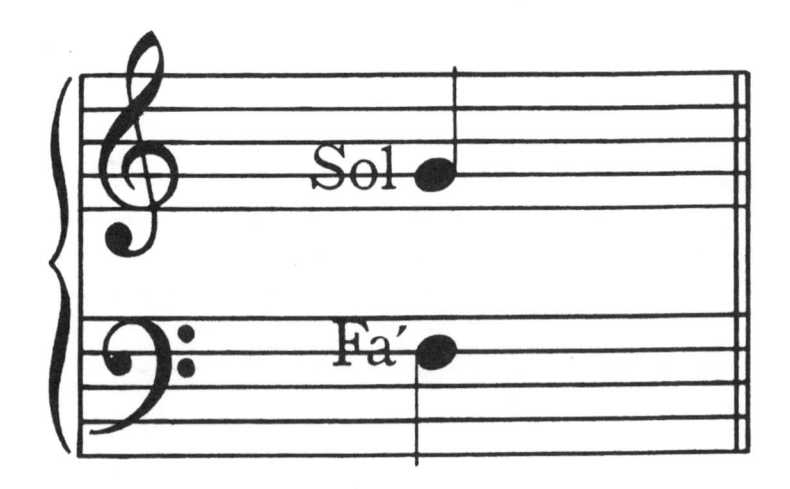

Com essas duas notas, completaremos onze endereços.

Exercício N.º 8

Escrever os nomes das notas.

Cada nota nossa conhecida, tem dois vizinhos: o de cima e o de baixo.

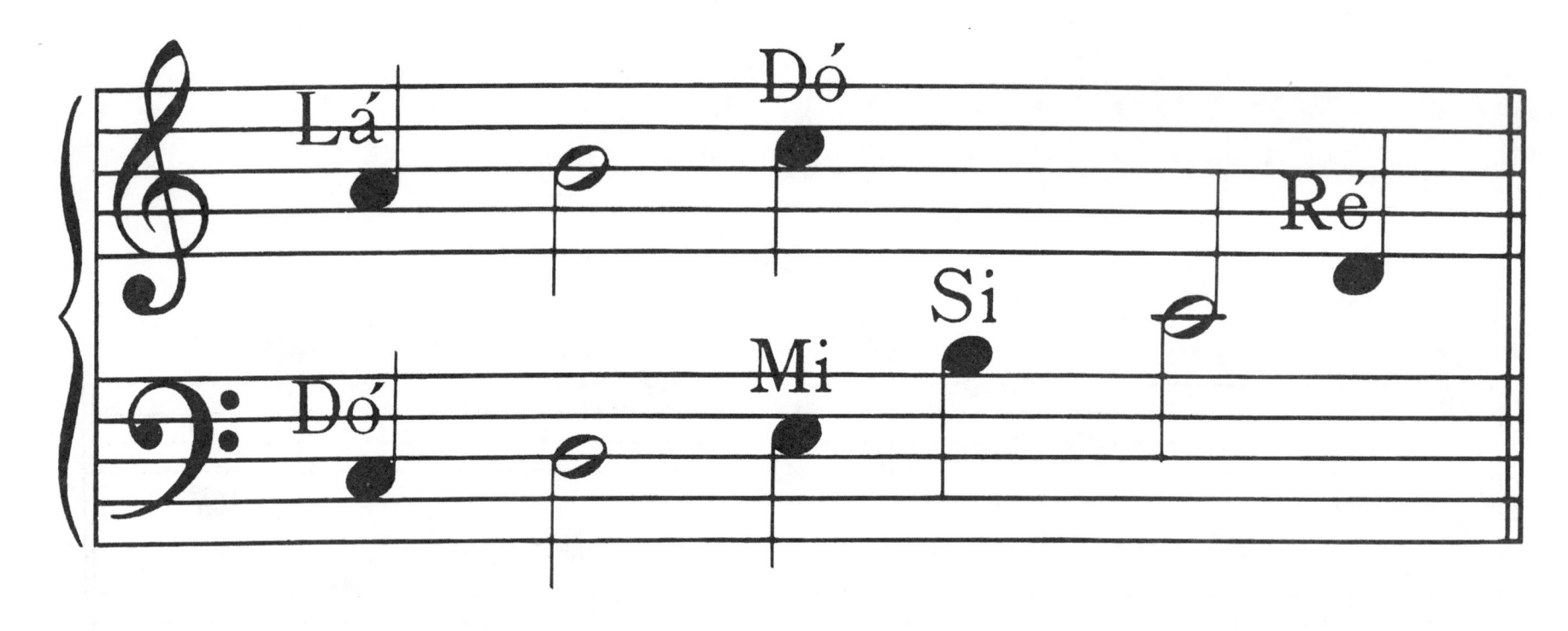

No curso de Iniciação Musical, vocês cantaram muito a **Escala de Dó Maior.**

Dó Ré Mi Fá Sol Lá Si Dó Si Lá Sol Fá Mi Ré Dó

Portanto, será fácil vocês descobrirem os vizinhos das notas seguintes:

Exercício N.º 9

Colocar os vizinhos com seus nomes.

O **Lá** que está no terraço e o **Mi** que está na garagem, também têm seus vizinhos, o de cima e o de baixo. Vejamos quais são:

Existem duas notas **Dó** que vocês ainda não conhecem; uma, tem o som **grave**, mora cá em baixo perto do **Ré** que está na garagem; imita as vozes das feras: o leão, o tigre etc.

A outra, tem o som agudo, parece um passarinho cantando, mora lá em cima, perto do **Si**, que está no terraço.

Os sons dividem-se em: **Graves, Médios e Agudos.**

O **Dó** que está passeando na rua, tem o som **Médio**, até parece uma criança cantando. Peçam a alguém para tocar ao piano todas as notas já conhecidas, só assim vocês poderão diferenciar os sons: **Graves, Médios** e **Agudos.**

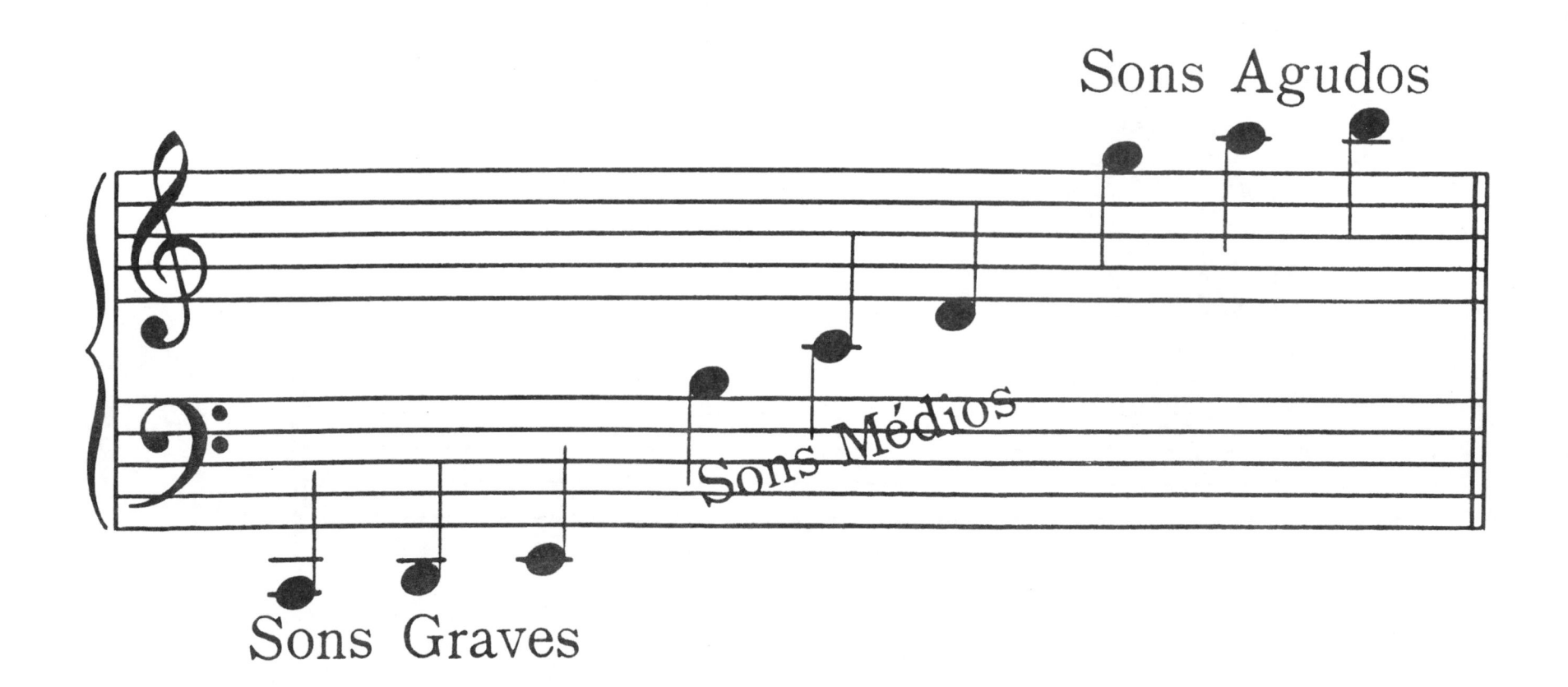

Só falta visitar duas notas que moram dentro dos edifícios: **Ré**, no superior; e o **Si**, no inferior.

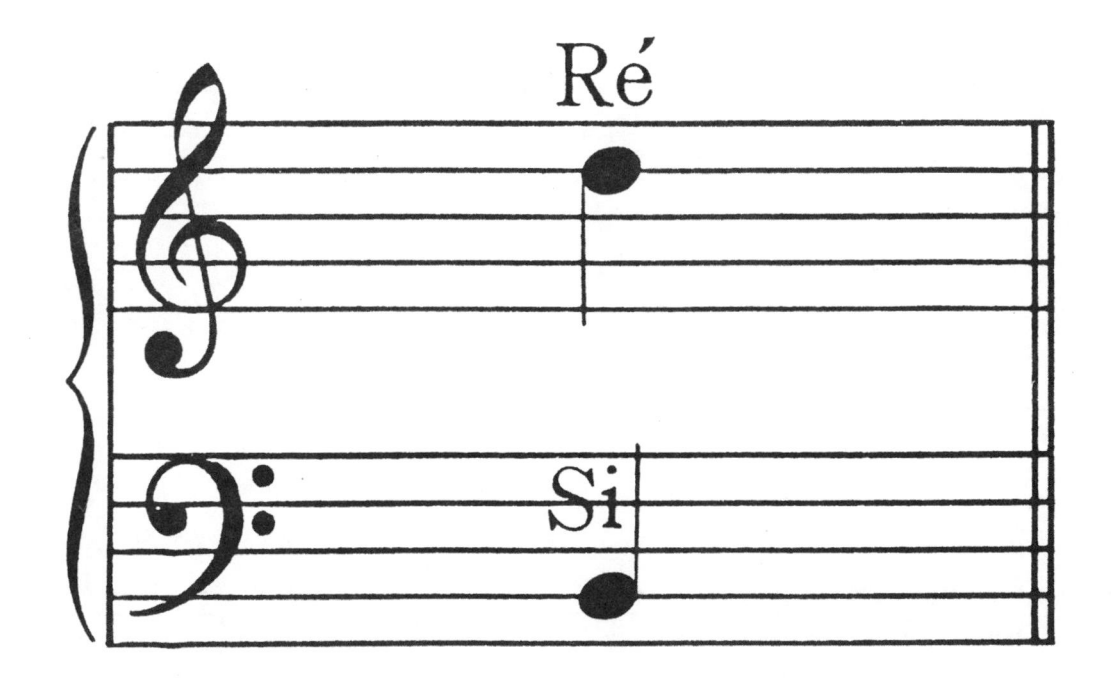

Endereços de todas as notas que vocês conheceram até aqui

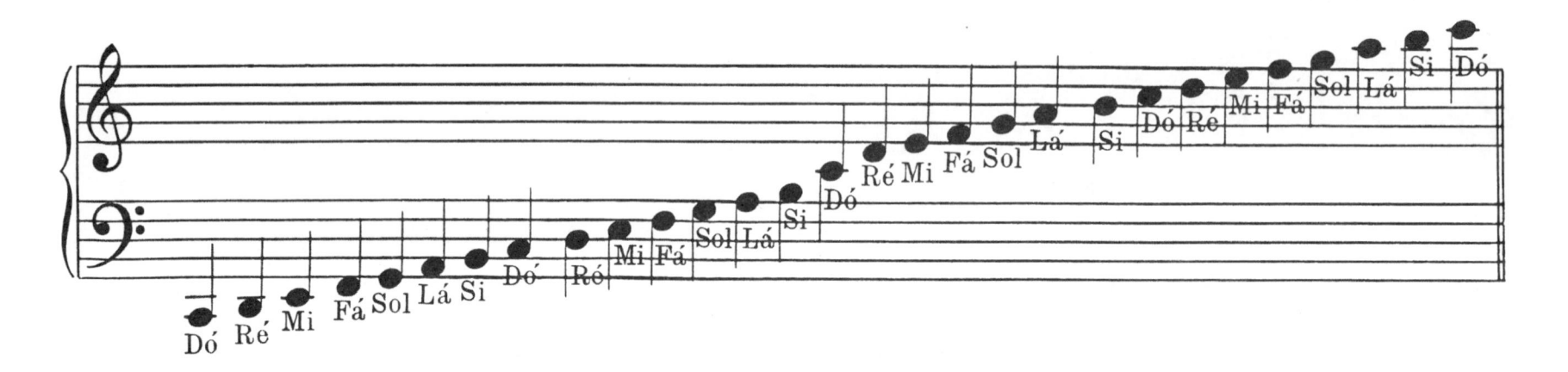

Exercício N.º 10

Colocar os vizinhos e seus nomes.

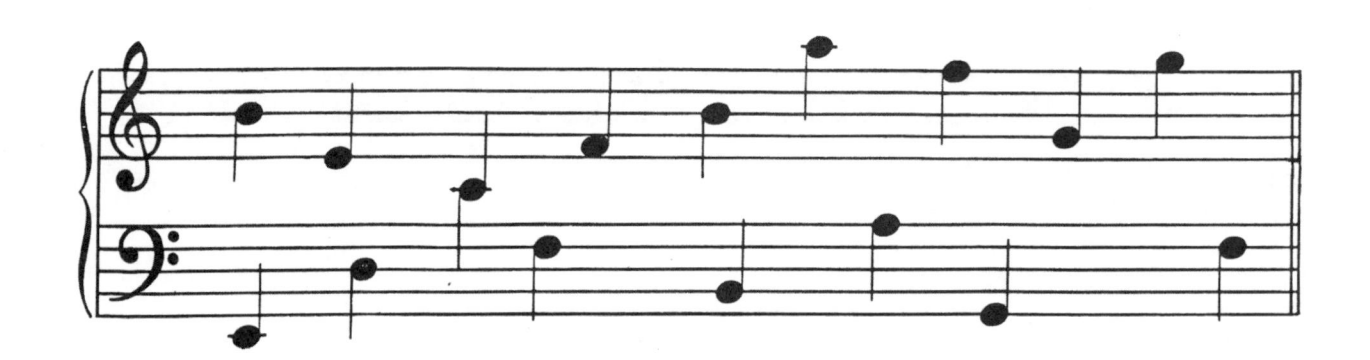

EXERCÍCIO N.º 11

Escrever as Claves de Sol e de Fá.

EXERCÍCIO N.º 12

Escrever os nomes nas notas.

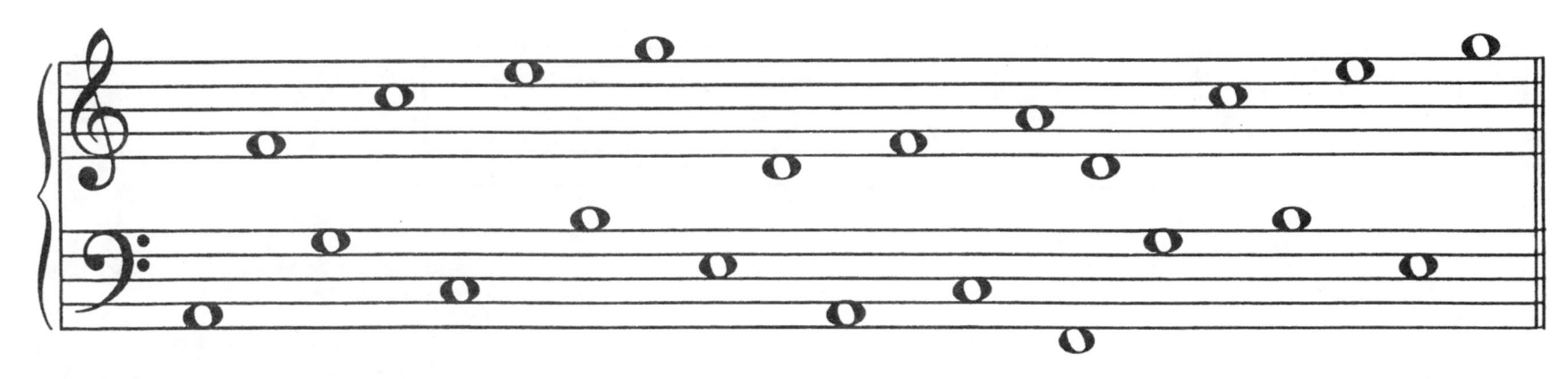

TRAVESSÃO OU BARRA DE DIVISÃO

Travessão ou Barra de Divisão é um traço que atravessa a pauta para separar os compassos.

Se o sinal de compasso mandar contar a música em quatro tempos, teremos que dividi-la em pedacinhos, contendo quatro tempos cada um.

Desta maneira, precisamos do Travessão para separá-los.

No final da música, usaremos dois Travessões (Barra Dupla).

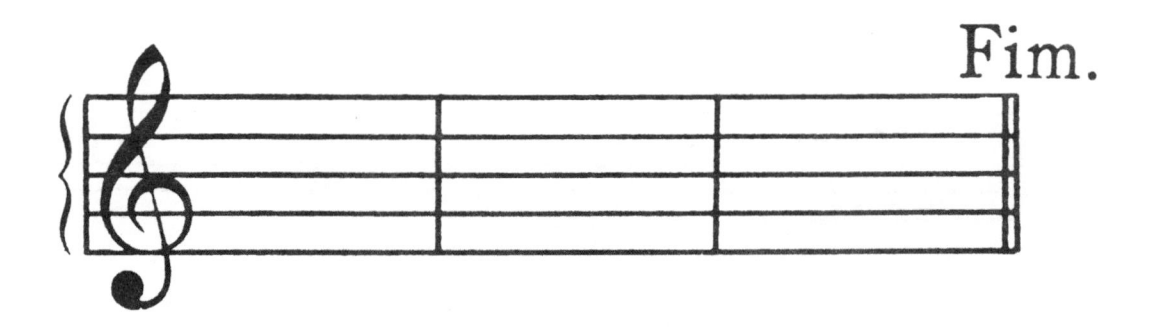

FIGURAS OU VALORES POSITIVOS

Para escrever música, não é suficiente colocar as notas na pauta; devemos vesti-las.

Às vezes precisamos parar mais tempo numa, outras vezes temos necessidade de correr.

Portanto, cada nota pode ser representada de várias maneiras; é só mudar de roupa para virar outra **Figura ou Valor positivo.**

Semínima	♩ ♩ ♩ ♩	(soldadinho)
Colcheia	♫ ♫ ♫ ♫	(menina apressada)
Semicolcheia	♬ ♬ ♬ ♬	(menino ligeiro)
Mínima	𝅗𝅥 𝅗𝅥	(tia cansada)
Semibreve	𝅝	(Vovozinha)

Como Devemos Escrever as Figuras

Assim como nosso corpo é dividido em três partes: cabeça, tronco e membros, as **Figuras** também têm suas divisões. Vejamos:

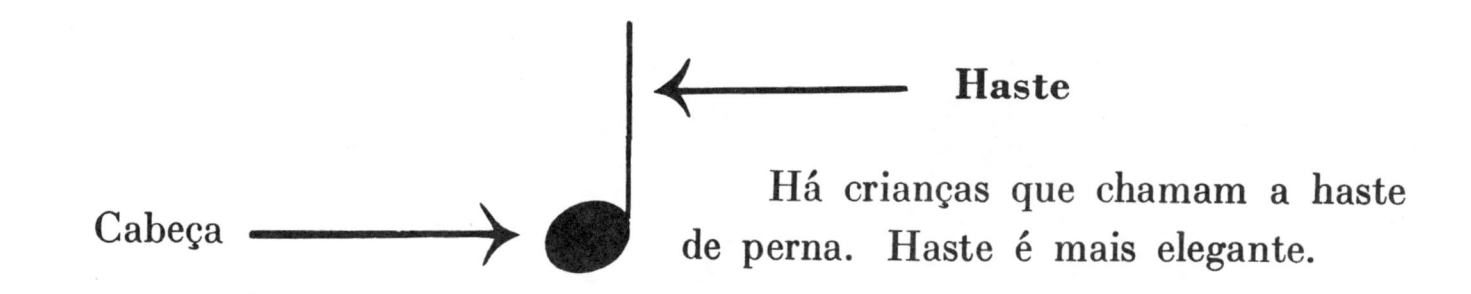

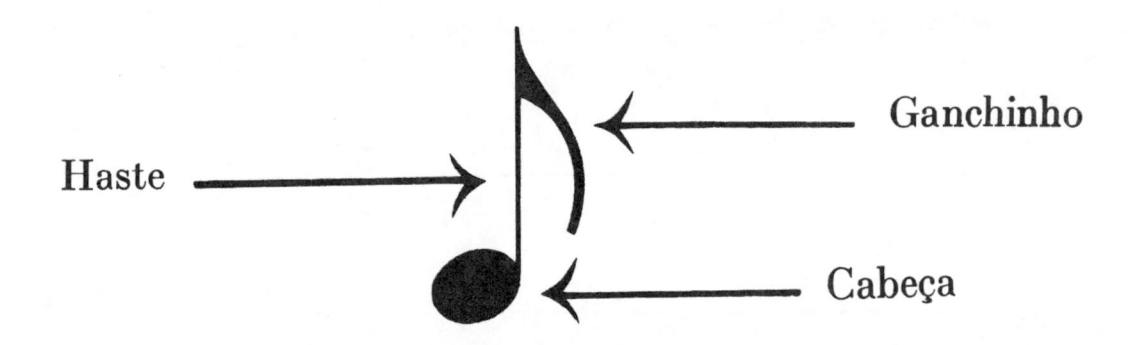

Cabeça ⟶

⟵ **Haste**

Há crianças que chamam a haste de perna. Haste é mais elegante.

Haste ⟶

⟵ Ganchinho

⟵ Cabeça

Se quisermos escrever as figuras com a cabeça para baixo, devemos colocar a haste do lado direito.

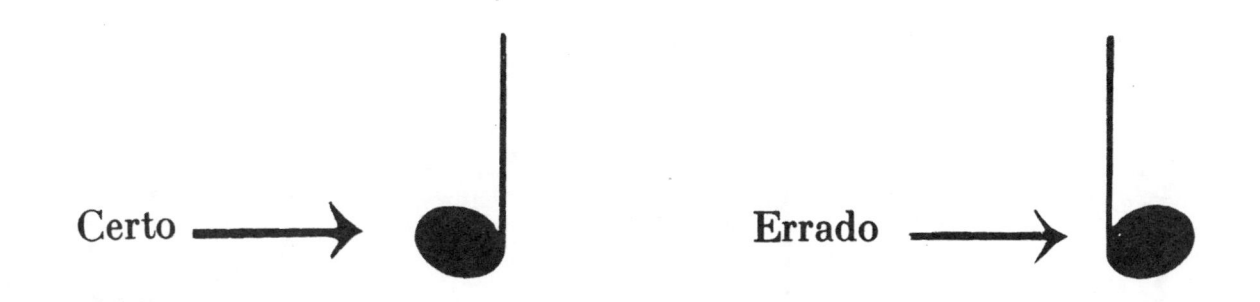

Certo ⟶ 🎵   Errado ⟶ 🎵

Porém, se escrevermos a figura com a cabeça para cima, a haste será do lado esquerdo.

Certo ⟶ 🎵   Errado ⟶ 🎵

Quando a figura que tiver gancho estiver com a cabeça para baixo, o gancho será virado para fora; se estiver com a cabeça para cima, o gancho será para dentro.

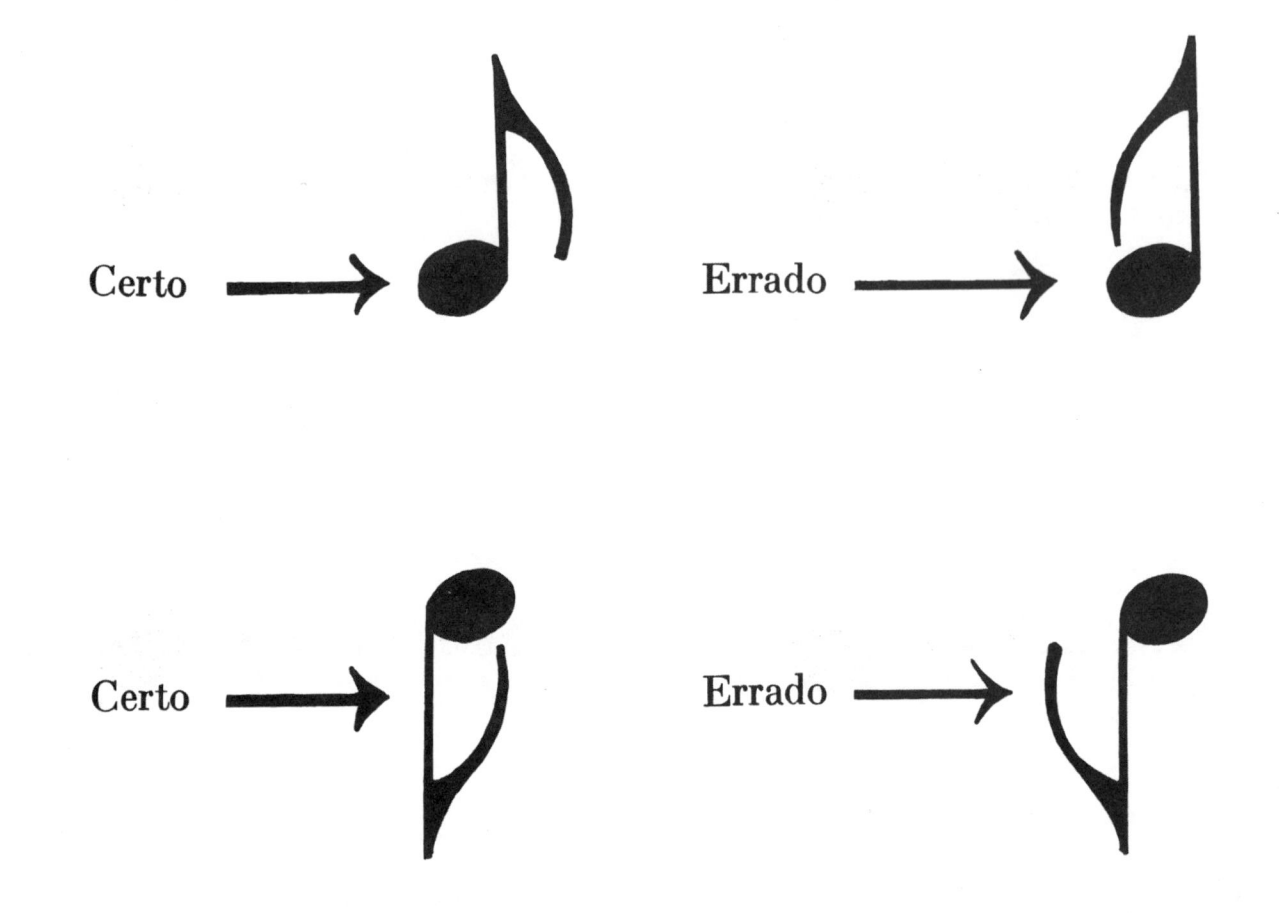

EXERCÍCIO N.º 13

Escrever ao lado as Figuras ou Valores Positivos

Ex.: Semicolcheia

Mínima

Semibreve

Colcheia

Semínima

Semicolcheia

II

Passatempo musical

Retrato de música

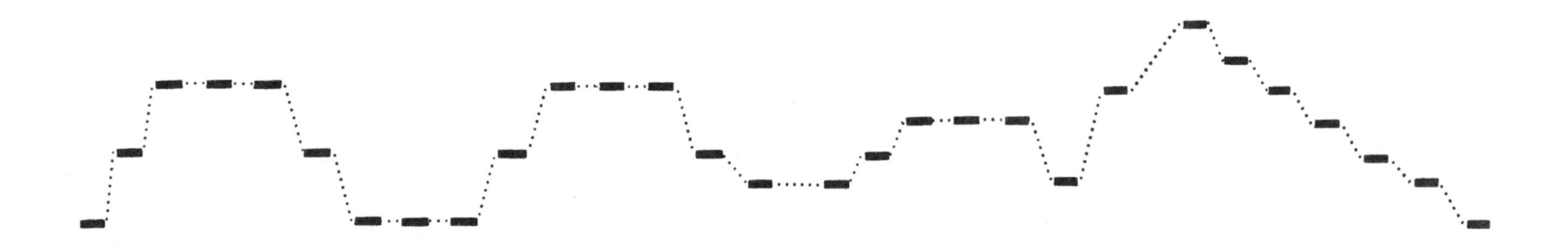

Uma das melodias seguintes pertence a esse retrato.

Qual será?

O meio mais simples para conhecê-la é solfejar acompanhando a altura dos sons com movimentos de braços.

Solfejar é entoar dizendo os nomes das notas.

Indicar com este sinal: ×, a melodia do retrato.

Ainda não comprei

Garibaldi foi à missa

As crianças que vêm cursando a iniciação musical, não encontram dificuldades nesse passatempo. Procurem o **resultado** na **pág.** 150

Pausas ou Valores Negativos

Cada **Figura** ou **Valor Positivo** possui um sinal para substitui-la nos momentos de **Silêncio.**

Às vezes as figuras se cansam e somem da pauta, vão "tomar um cafezinho"; imediatamente, entra o sinal que as substitui.

Esse sinal chama-se **Pausa ou Valor Negativo.** O nome até parece estar dizendo: "Nem mais um pio". **Silêncio!**

As figuras têm dois nomes:

Figuras ou Valores Positivos.

E as Pausas também:

Pausas ou Valores Negativos.

FIGURAS OU VALORES POSITIVOS	PAUSAS OU VALORES NEGATIVOS

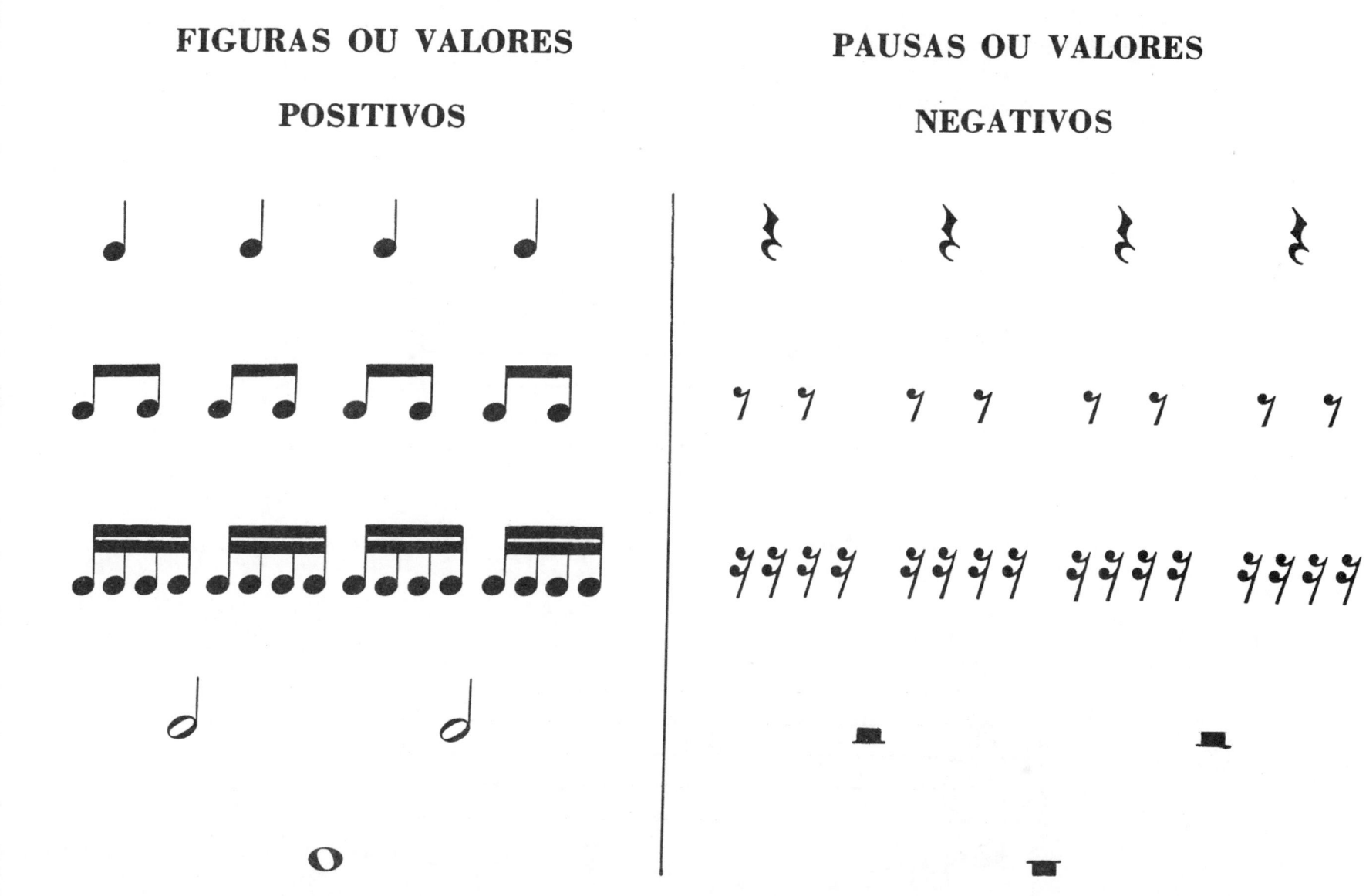

Não façam confusão com as pausas de **Semibreve** e de **Mínima**.

A pausa de **Semibreve** fica pendurada na 4.ª linha.

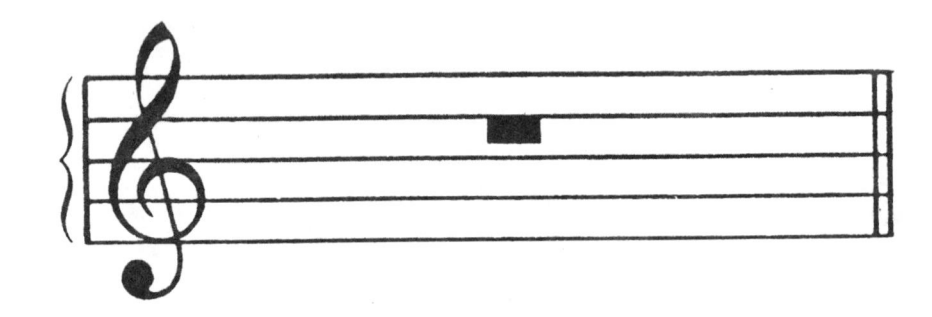

A pausa da **Mínima** está sentada na 3.ª linha (é a pausa da tia cansada).

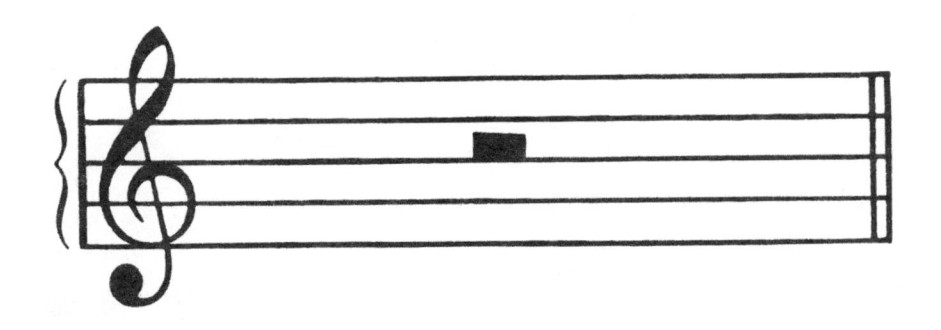

EXERCÍCIO N.º 14

Escrever ao lado os Valores Positivos e Negativos

Ex.: Semicolcheia

Semínima

Mínima

Semibreve

Colcheia

Semicolcheia

III

PASSATEMPO MUSICAL

Bandinha rítmica

Marcha soldado

Seria interessante passar esse quadro para uma cartolina grande e pendurá-la á **parede.** Assim, muitas crianças poderiam tomar parte no passatempo.

EXERCÍCIO N.º 15

Escrever os nomes das **Pausas** ou **Valores Negativos**.

Escrever as claves: de **Sol** e de **Fá**.

IV

PASSATEMPO MUSICAL

Divisão de Valores

Vocês sabem que uma **Semibreve** vale quatro **Semínimas?**

Vamos recordar os jogos com os tacos proporcionais como vocês faziam no curso de "Iniciação Musical".

Coloquem no chão o taco que representa a **Semibreve**.

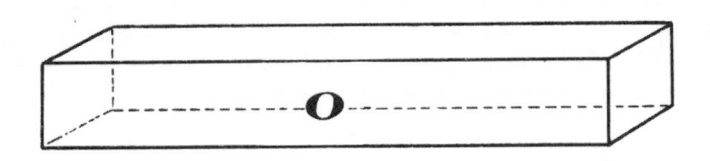

Batam quatro palmas iguais, ou deem quatro batidas no tambor.

Agora caminhem quatro passos de marcha normal; em seguida coloquem os quatro tacos de **Semínimas** sobre o taco de **Semibreve** e vejam como as dimensões são iguais.

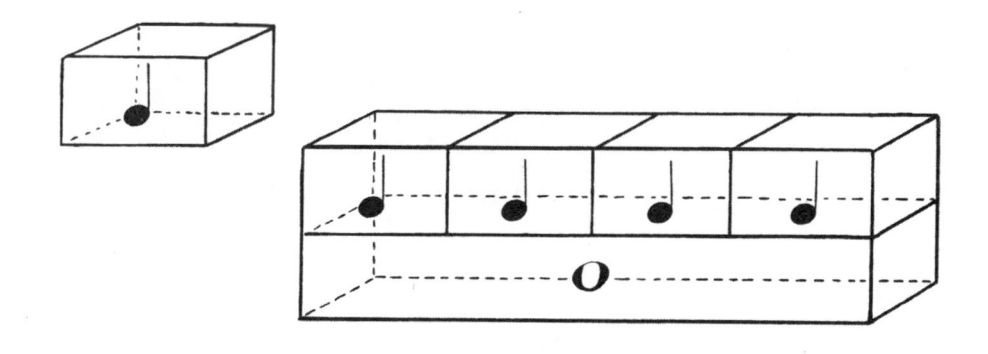

Sobre o taco que representa a **Mínima**, podemos colocar dois tacos de **Semínima**.

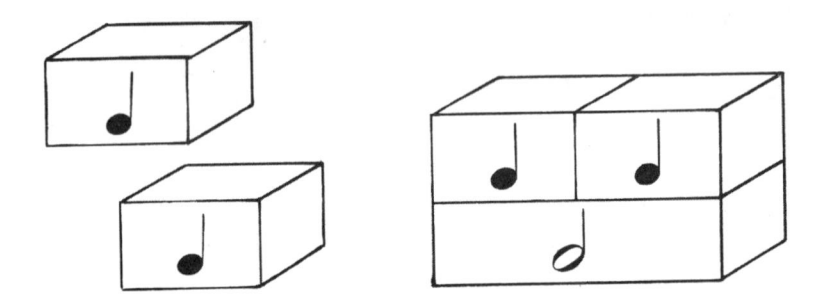

Dois tacos representando **Colcheias**, tomam o espaço do taco que representa a **Semínima**.

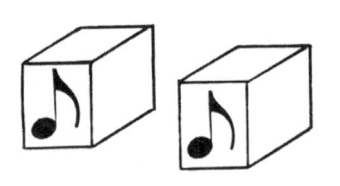

Dois tacos representando **Mínimas**, podem ser colocados sobre o taco que representa a **Semibreve**.

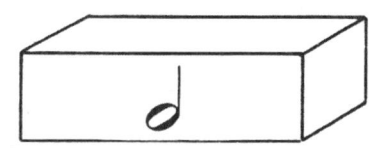

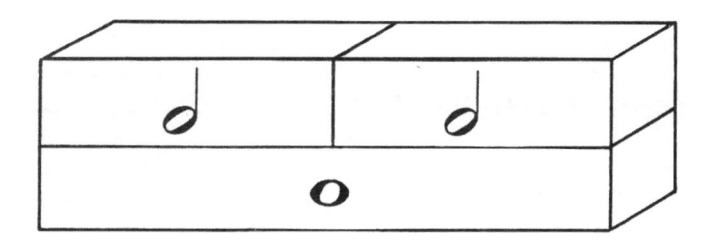

EXERCÍCIO N.º 16

Sobre o taco que representa a **Mínima**, podemos colocar:

    Dois tacos representando a_____

    Quatro tacos representando a_____

Sobre o taco que representa a **Semínima**, podemos colocar:

    Dois tacos representando a_____

Sobre o taco que representa a **Semibreve**, podemos colocar:

    Oito tacos representando a_____

    Dois tacos representando a_____

    Quatro tacos representando a_____

O jogo de tacos foi imaginado pelo Prof. ANTÔNIO DE SA PEREIRA para o seu curso de PEDAGOGIA MUSICAL, da **ESCOLA NACIONAL DE MÚSICA**, no ano de 1932.

V

PASSATEMPO MUSICAL

Achar as melodias dos seguintes ritmos:

São melodias muito conhecidas.

Se encontrarem dificuldades, o resultado está na pág. 150

DIVISÃO DE COMPASSOS

Para dividir os compassos, precisamos conhecer o valor das figuras.

Ex.: A **Mínima** vale duas **Semínimas**: 𝅗𝅥 = 𝅘𝅥 𝅘𝅥

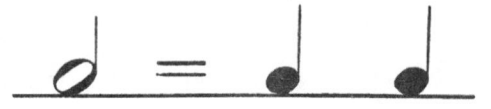

A **Semínima** vale duas **Colcheias**: 𝅘𝅥 = 𝅘𝅥𝅮 𝅘𝅥𝅮

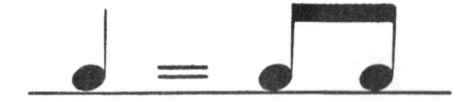

A **Semibreve** vale duas **Mínimas**: 𝅝 = 𝅗𝅥 𝅗𝅥

A **Semibreve** vale quatro **Semínimas**: 𝅝 = 𝅘𝅥 𝅘𝅥 𝅘𝅥 𝅘𝅥 ou

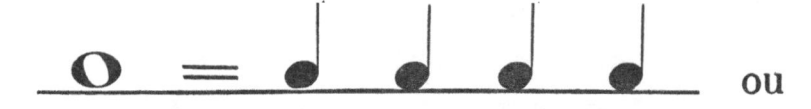

Um grupo de quatro **Semicolcheias** tem o mesmo valor de uma **Semínima**.

𝅘𝅥𝅯 𝅘𝅥𝅯 𝅘𝅥𝅯 𝅘𝅥𝅯 = 𝅘𝅥

EXERCÍCIO N.º 17

Colocar os Travessões

Tendo o cuidado de deixar quatro tempos dentro de cada compasso.

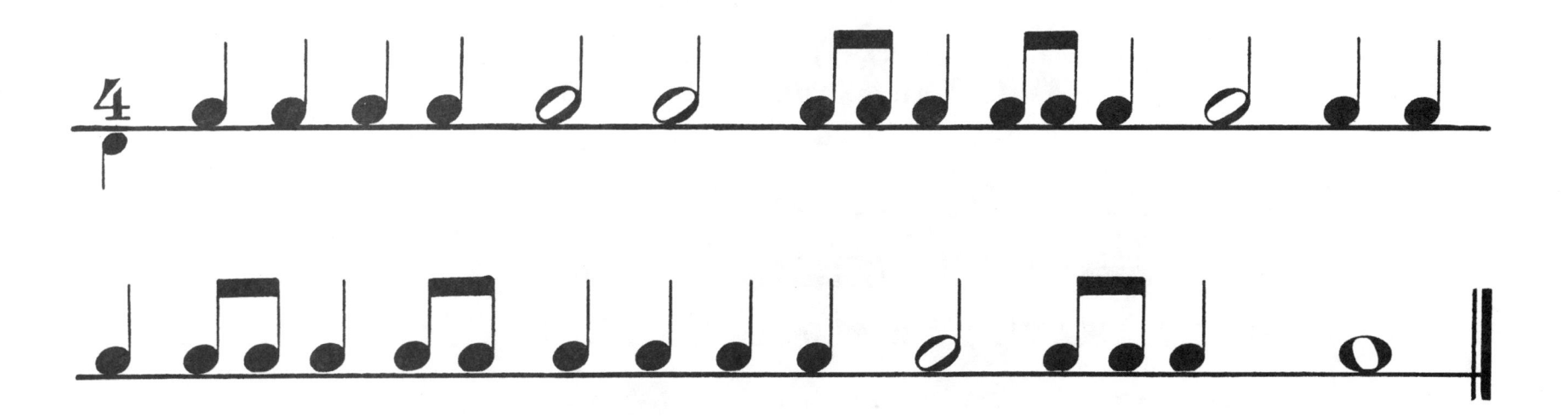

EXERCÍCIO N.º 18
Colocar os Travessões

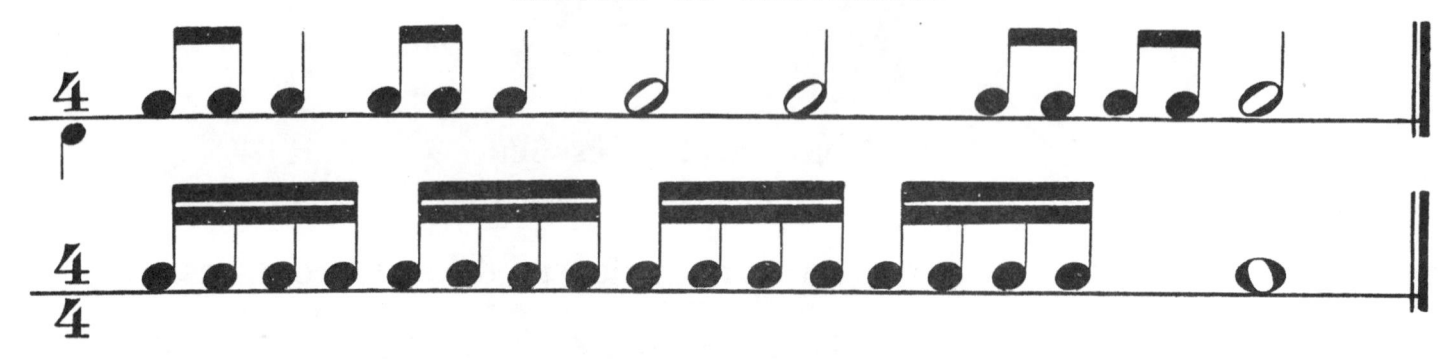

EXERCÍCIO N.º 19
Colocar os Travessões
Observem os sinais de compasso

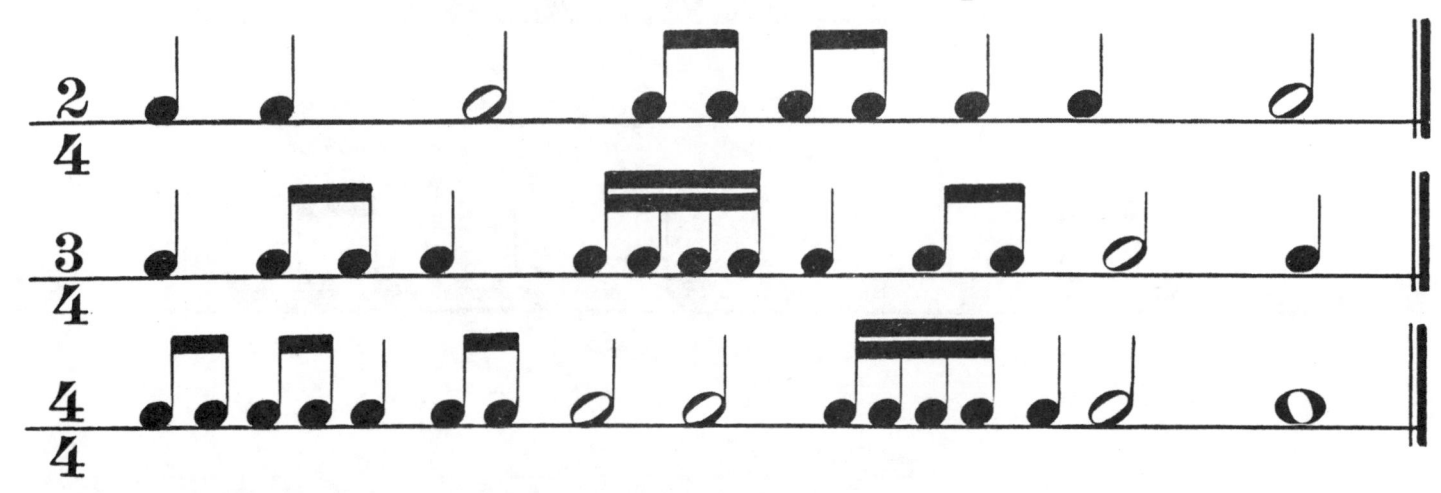

A pausa de Semínima tem o mesmo valor da Semínima.

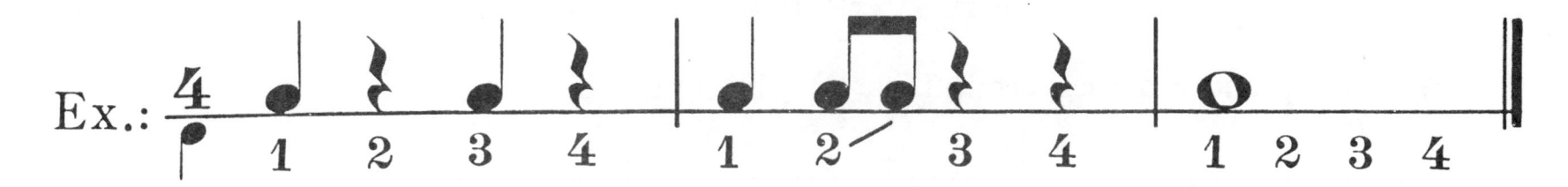

EXERCÍCIO N.º 20

Colocar os Travessões

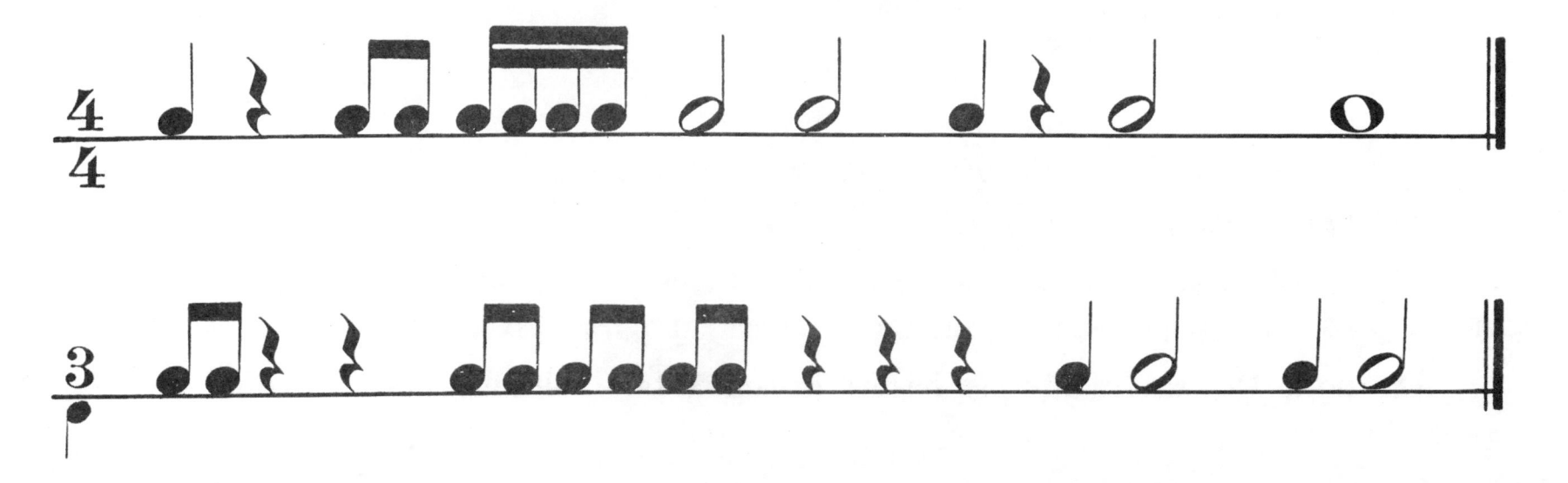

VI

PASSATEMPO MUSICAL

Vamos aprender a escrever música. Vocês conhecem esta canção?

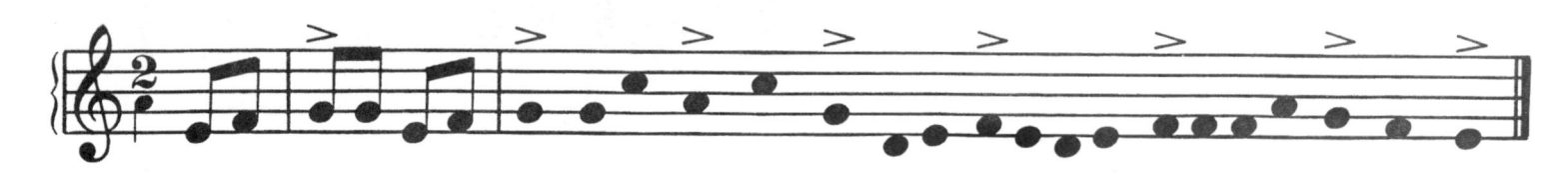

Capelinha de Melão.
Quem não conhece!

Observem os acentos:
(Capelinha de melão
(É de São João;
(É de cravo, é de rosa,
(É de manjericão.

1.º) colocaremos os travessões antes dos tempos fortes;

2.º) vestiremos as notas.

Até à nota **Lá**, as hastes devem estar voltadas para cima e do lado direito. A nota **Si**, tanto faz, pode estar voltada para cima ou para baixo.

Da nota **Dó** em diante as hastes devem estar voltadas para baixo e do lado esquerdo.

LIGADURA

A **Ligadura** serve para "amarrar" (ligar) as notas.

Quando vocês encontrarem na música duas ou mais notas com o mesmo som, na mesma altura, e que estejam amarradinhas por um sinal curvo como este: ⌒ ou ‿ , quer dizer que vocês deverão tocar, bater palmas ou cantar, só a primeira nota.

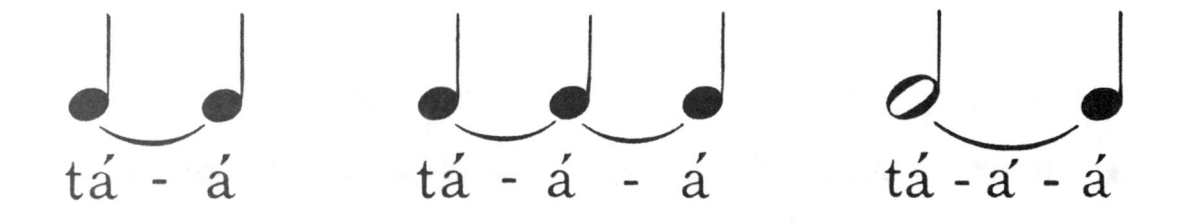

tá - á   tá - á - á   tá - á - á

VII

PASSATEMPO MUSICAL

Que tal se vocês convidassem os colegas para fazerem um ditado rítmico?

Não é uma ótima idéia? Escreverei alguns ritmos para vocês se orientarem.

Um percute no tambor e os outros escrevem. Ao percutir valores lentos, como: ♩ ou 𝐨 , prolonguem a batida pronunciando a sílaba **Tá**.

Exemplo: ♩ = tá‿á ‖ 𝐨 = tá‿á‿á‿á .

PONTO DE AUMENTO

Abreviar uma palavra quer dizer: tirar algumas letras e colocar um ponto.

Às vezes para tornar a escrita mais elegante, ou economizar espaço, ou ainda por falta de tempo, suprimimos algumas letras e colocamos um ponto.

Vejamos as abreviaturas de algumas palavras:

Ave Maria	=	A. M.
Doutor	=	Dr.
Professor	=	Prof.
Ilustríssimo Senhor	=	Ilmo. Sr.

As letras que não aparecem estão guardadas dentro do ponto.

Na música também usamos pontos para abreviar.

Podemos substituir três Semínimas amarradinhas por uma Mínima pontuada.

$$\natural \natural \natural = \natural.$$

A Mínima sozinha não vale duas Semínimas? Com o ponto ao lado ficará valendo três.

O ponto está guardando uma Semínima e chama-se: **Ponto de Aumento**.

Será que aumenta muito?

— Não! Aumenta só a metade do valor da figura.

EXEMPLOS DE FIGURAS LIGADAS E PONTUADAS

EXERCÍCIO N.º 21

Vocês serão capazes de substituir as figuras amarradas (ligadas) por figuras pontuadas?

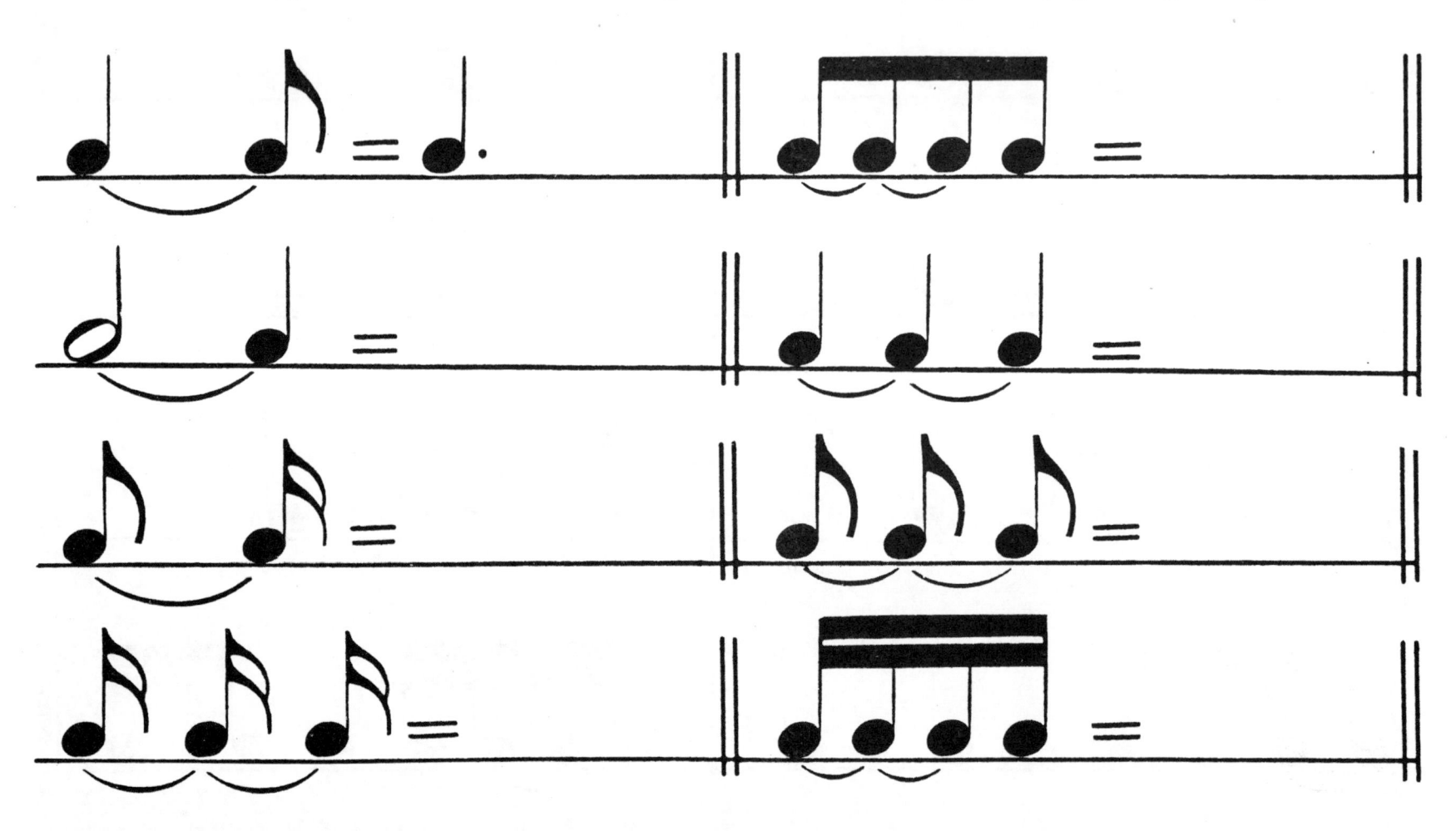

VIII

PASSATEMPO MUSICAL

Vamos preencher os compassos vazios completando esta melodia.

Pai Francisco

EXERCÍCIO N.º 22

Escrever os nomes das Figuras

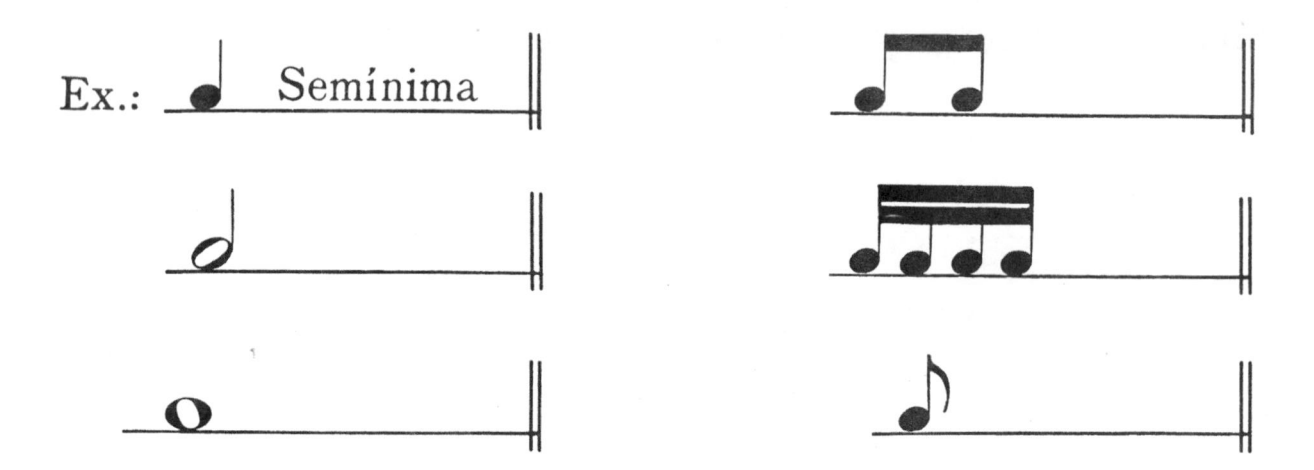

Ex.: ♩ Semínima

Escrever os nomes das Pausas

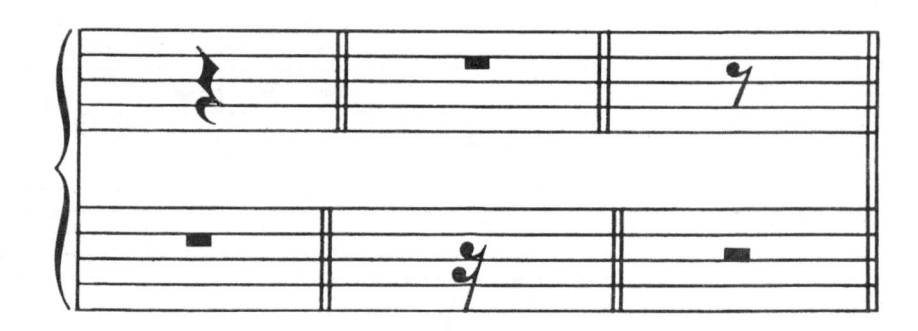

TEMPOS

Para saber quantos tempos conta a música, devemos primeiro conhecer os sinais de compasso.

Já conversamos sobre isso nas primeiras lições deste caderno. Se a música tiver o seguinte sinal $\frac{4}{4}$, diremos que está escrita no compasso **Quaternário** porque o número de cima está mandando contar quatro tempos.

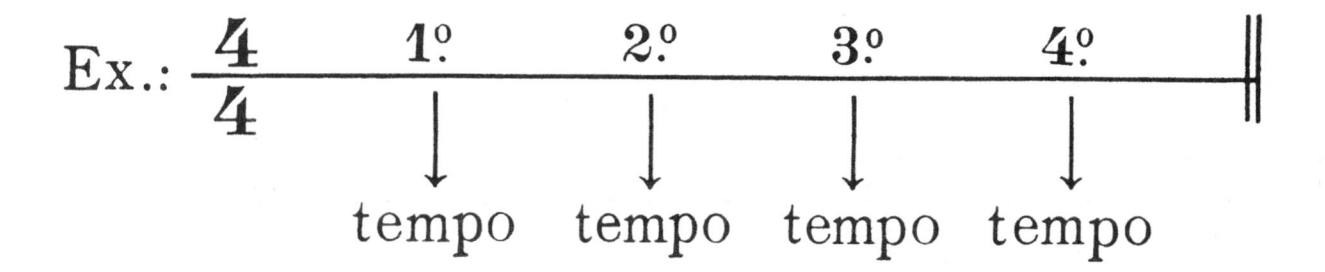

Ex.: $\frac{4}{4}$ 1.º ↓ tempo   2.º ↓ tempo   3.º ↓ tempo   4.º ↓ tempo ‖

Com esse sinal a música será dividida inteirinha em pedaços, contendo cada um quatro tempos.

Se o compasso for **Ternário**, será dividida em pedaços de três tempos cada; e se for **Binário**, será dividida em pedaços de dois tempos cada.

Vejamos:

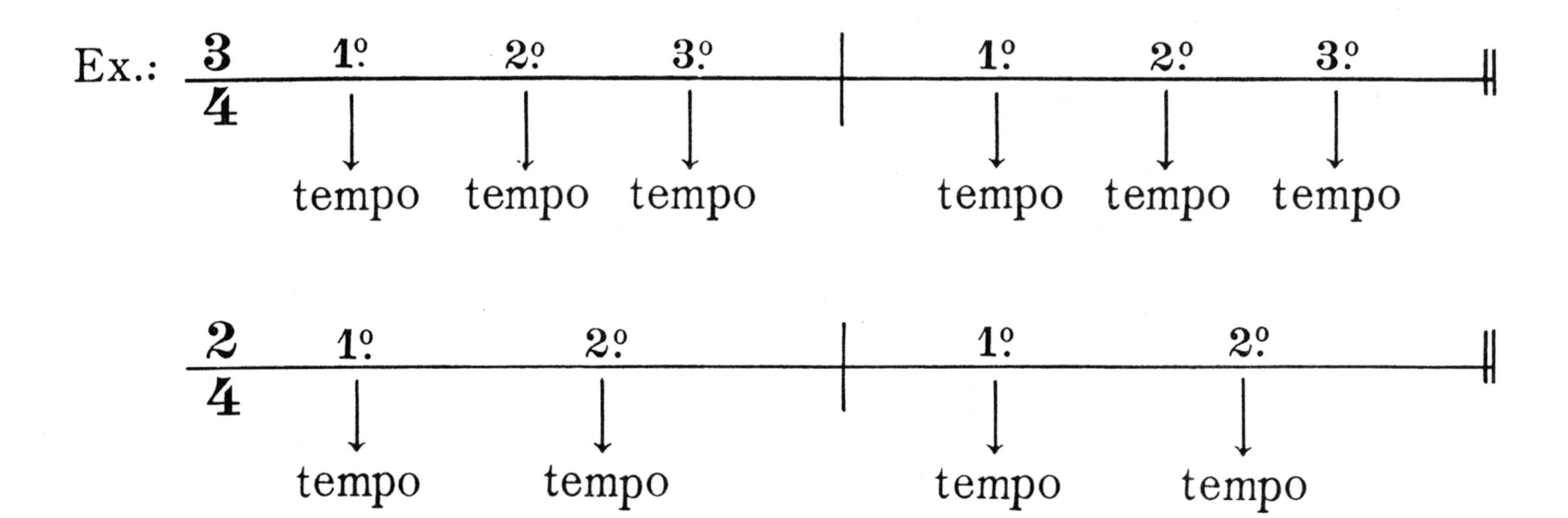

Ex.: $\frac{3}{4}$ | 1.º tempo | 2.º tempo | 3.º tempo | 1.º tempo | 2.º tempo | 3.º tempo ‖

$\frac{2}{4}$ | 1.º tempo | 2.º tempo | 1.º tempo | 2.º tempo ‖

IX

PASSATEMPO MUSICAL

Façamos uma experiência entre os colegas, para ver quem será capaz de ler notas batendo palmas ao mesmo tempo.

Será uma oportunidade para demonstrar o aproveitamento que tivemos no "Curso de Iniciação Musical".

Antes de mais nada devemos verificar:

1.º) se o exercício está na clave de Sol ou de Fá;

2.º) qual o compasso:

3.º) quais as figuras que compõem o exercício.

Leiam duas vezes:

1.º) dizendo tá-tá etc.:

2.º) ler os nomes das notas e marcar o compasso.

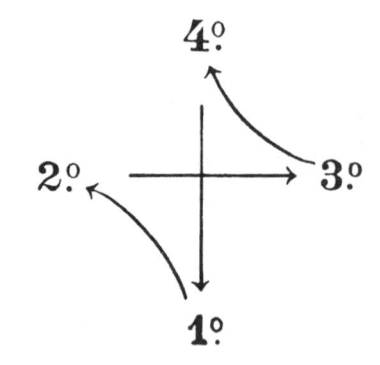

REPRESENTANTES DAS FIGURAS

Vocês sabiam que cada figura tem seu representante?

Representante é aquele ou aquilo que substitui alguém, ou alguma coisa.

As figuras escolheram números para substitui-las.

Vamos conhecer alguns desses símbolos:

O n.º 2 é o representante da Mínima

O n.º 4 é o representante da Semínima

O n.º 8 é o representante da Colcheia

Os representantes das figuras aparecem no denominador dos sinais de compasso.

Vejamos:

tempos: ⟶ **4** ⟶ quer dizer quatro tempos
representante ⟶ **4** ⟶ quer dizer Semínima ♩

tempos: ⟶ **4** ⟶ quer dizer quatro tempos
representante ⟶ **2** ⟶ quer dizer Mínima 𝅗𝅥

tempos: ⟶ **3** ⟶ quer dizer três tempos
representante ⟶ **8** ⟶ quer dizer Colcheia ♪

EXERCÍCIO N.º 23

Colocar ao lado os representantes das figuras

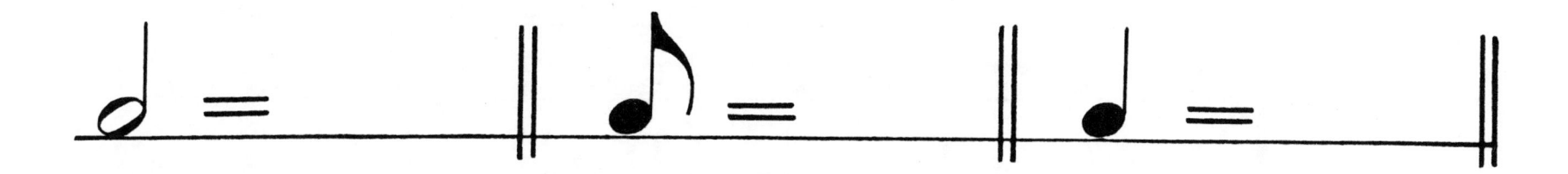

𝅗𝅥 =   ♪ =   ♩ =

Colocar ao lado as figuras

4 =   2 =   8 =

X
PASSATEMPO MUSICAL
Bandinha rítmica
Escravos de Job

UNIDADE DE TEMPO

Para aprender o que é **Unidade de Tempo**, precisamos conhecer muito bem os representantes das figuras. A primeira coisa que devemos fazer é observar o sinal de compasso. O número inferior (de baixo) vai nos dizer qual a figura que poderá ser a **Unidade de Tempo**.

Vejamos:

$\dfrac{4}{4}$ ⟶ Quatro tempos
⟶ Semínima ♩

$\dfrac{3}{8}$ ⟶ Três tempos
⟶ Colcheia ♪

$\dfrac{4}{2}$ ⟶ Quatro tempos
⟶ Mínima ○

$\dfrac{2}{4}$ ⟶ Dois tempos
⟶ Semínima ♩

Unidade de Tempo é a figura que sozinha preenche um tempo; é senhora absoluta deste espaço de tempo.

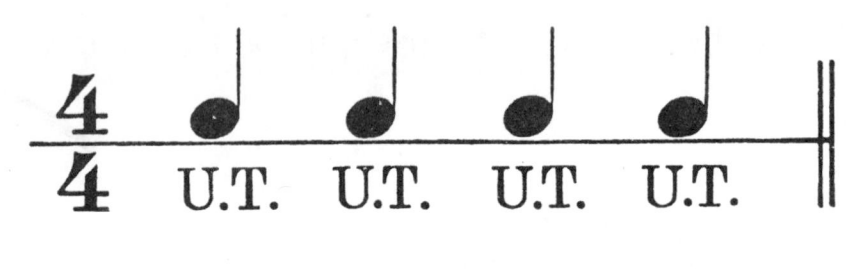

$\dfrac{4}{4}$ ♩ ♩ ♩ ♩
U.T. U.T. U.T. U.T.

Quatro Unidades de Tempo.
As duas letras pontuadas estão abreviando **Unidade de Tempo**.

$\dfrac{3}{8}$ ♪ ♪ ♪
U.T. U.T. U.T.

Três **Unidades de Tempo**.

$\dfrac{2}{2}$ 𝅗𝅥 𝅗𝅥
U.T. U.T.

Duas **Unidades de Tempo**.

EXERCÍCIO N.º 24

Preencher os compassos com Unidades de Tempo

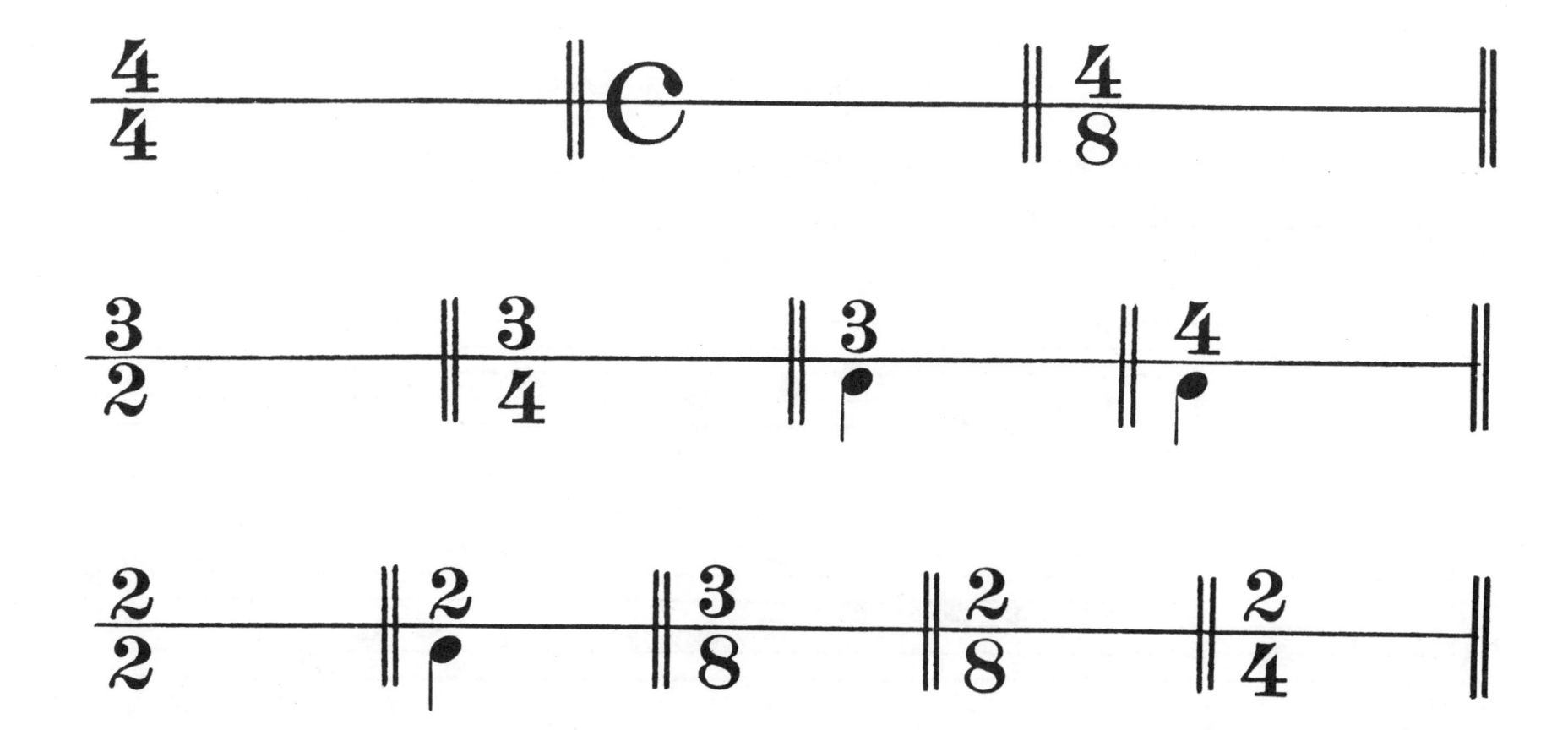

XI

PASSATEMPO MUSICAL

Vamos escrever música

O Cravo Brigou Com a Rosa

1.º) colocar os travessões antes dos tempos fortes;

2.º) vestir as notas. O compasso é ternário.

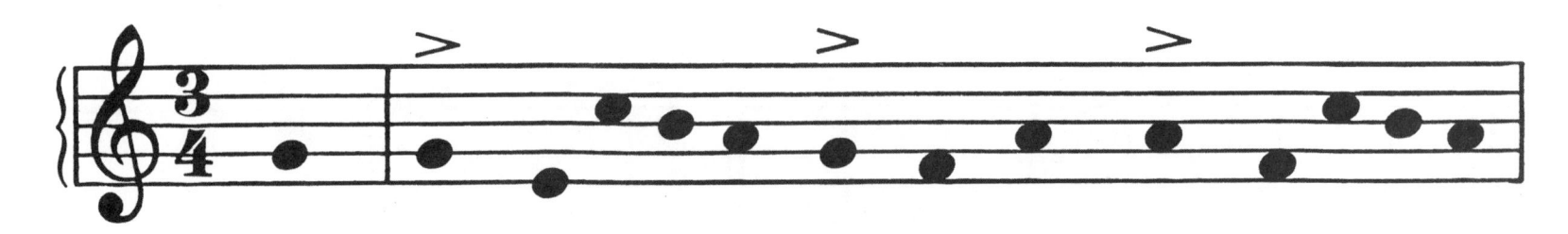

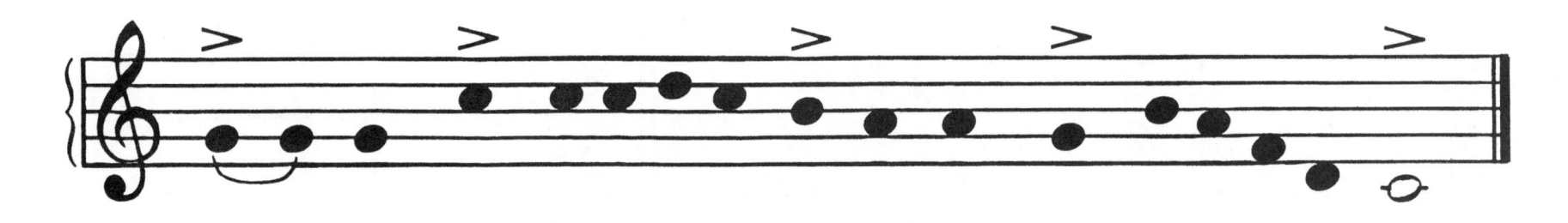

EXERCÍCIO N.º 25

Que faz um ponto ao lado da figura?

Resposta: _____

_____

Substituir as figuras pontuadas por figuras ligadas (amarradas).

UNIDADE DE COMPASSO

A figura que fica sozinha num tempo é **Unidade de Tempo.**

Unidade de Compasso já está dizendo; é a figura que pode ficar sozinha preenchendo **um compasso.** É Senhora absoluta do compasso.

Ex.: No compasso $\frac{4}{4}$ a semibreve 𝐨 é a **Unidade de Compasso.**

Uma semibreve não vale quatro semínimas?

No compasso $\frac{3}{8}$ a **Unidade de Compasso** será a semínima pontuada ♩.

Uma semínima não vale duas colcheias?

O pontinho é outra colcheia.

No compasso $\frac{3}{4}$ a **Unidade de Compasso** é a mínima pontuada.

Uma mínima não vale duas semínimas? O ponto representa outra semínima.

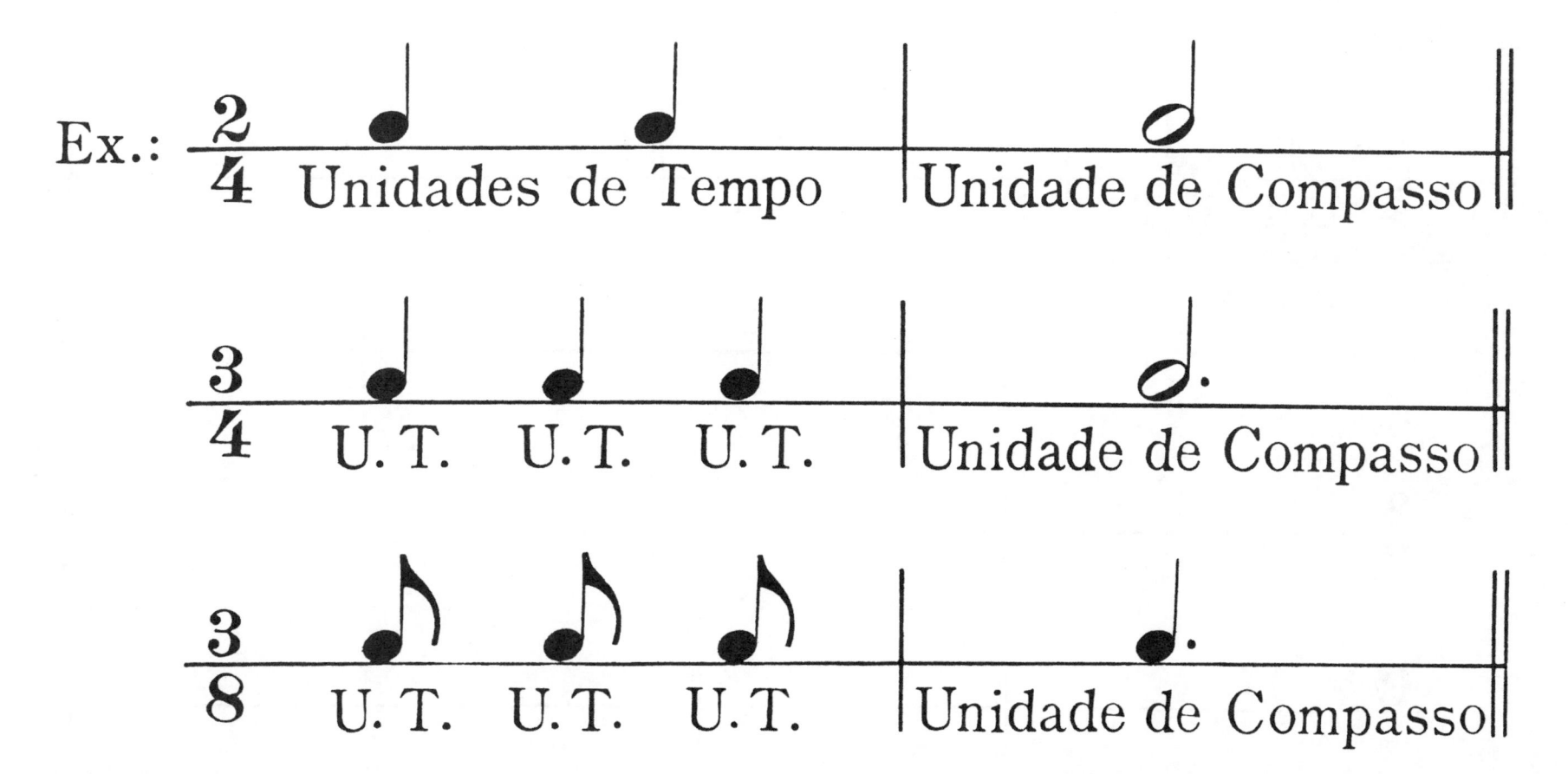

Ex.: $\frac{2}{4}$ | ♩ ♩ | 𝅗𝅥 ||
       Unidades de Tempo | Unidade de Compasso

$\frac{3}{4}$ | ♩ ♩ ♩ | 𝅗𝅥. ||
U.T. U.T. U.T. | Unidade de Compasso

$\frac{3}{8}$ | ♪ ♪ ♪ | ♩. ||
U.T. U.T. U.T. | Unidade de Compasso

EXERCÍCIO N.º 26

Preencher os seguintes compassos com:

Unidades de Tempo e Unidades de Compasso

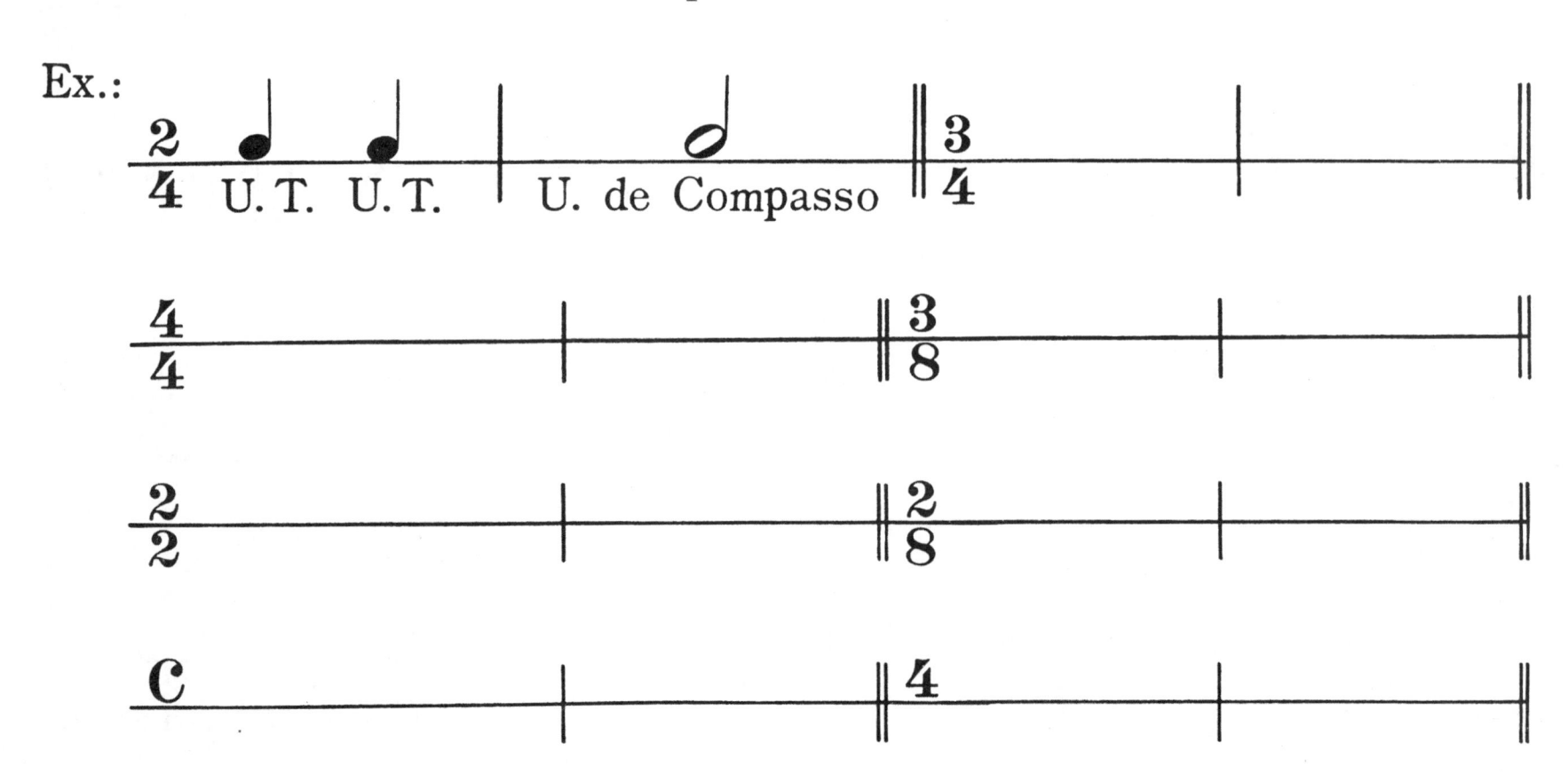

Ex.: $\frac{2}{4}$ ♩ ♩ | 𝅗𝅥 ‖ $\frac{3}{4}$ | ‖
U. T. U. T.   U. de Compasso

$\frac{4}{4}$ | ‖ $\frac{3}{8}$ | ‖

$\frac{2}{2}$ | ‖ $\frac{2}{8}$ | ‖

C | ‖ 4 | ‖

EXERCÍCIO N.º 27

Colocar os Travessões. Cuidado com as pausas. A pausa da semibreve está pendurada na quarta linha e a pausa da mínima está sentada na terceira linha.

Quatro semicolcheias têm o mesmo valor de uma semínima.

Colocar os Travessões

EXERCÍCIO N.º 28

Vamos recordar os nomes das notas

Escrever os Valores Positivos e Negativos

SINAIS DE ALTERAÇÃO OU ACIDENTES

Às vezes encontramos nas músicas, notas precedidas de sinais como estes:

♯ ♭ ♮

São sinais de alteração que elevam ou abaixam a entoação (o som) das notas, e estão sempre colocados antes delas.

O **Sustenido** (♯) eleva a entoação; subindo o teclado, é meio passo da tecla branca para a preta. (Meio passo = ½ tom).

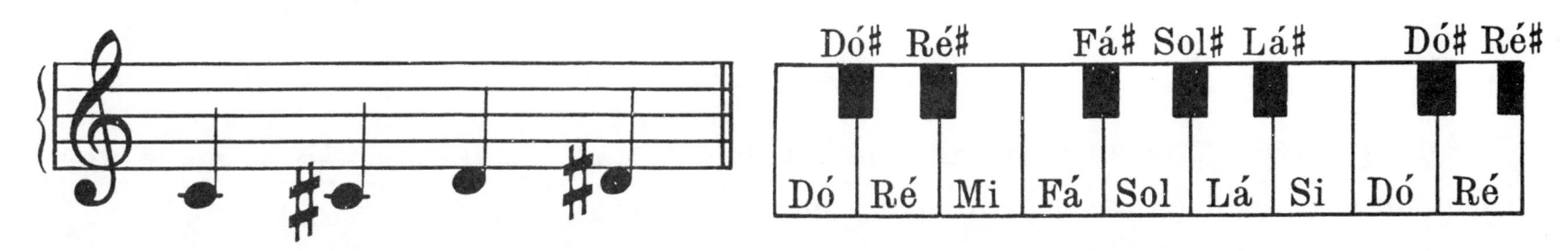

O **Bemol** ♭ abaixa a entoação. Descendo o teclado, é também meio passo da tecla preta para a branca; (meio passo = ½ tom).

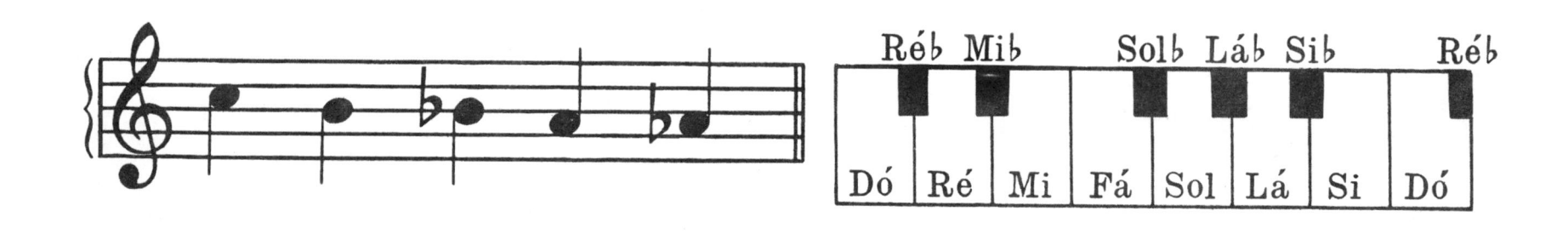

O **Bequadro** ♮ parece um menino peralta, sua preocupação é procurar notas alteradas.

Apaga o Sustenido ou o Bemol e se planta em seus lugares. Então as notas com o Bequadro do lado esquerdo, têm que voltar para os lugares primitivos.

Descem das teclas pretas e vão para as brancas. Vejam o que acontece:

O Bequadro puxou as notas alteradas para seus antigos lugares.

Experimentem tocar no piano e verão como voltam para as teclas brancas.

Vocês sabiam que o **Mi Sustenido** (♯) e o **Si Sustenido** (♯) não podem morar nas teclas pretas?

Como o sustenido eleva só meio passo a entoação da nota, o **Mi Sustenido** (♯) vai morar na mesma tecla do **Fá** e o **Si sustenido** na tecla do **Dó**.

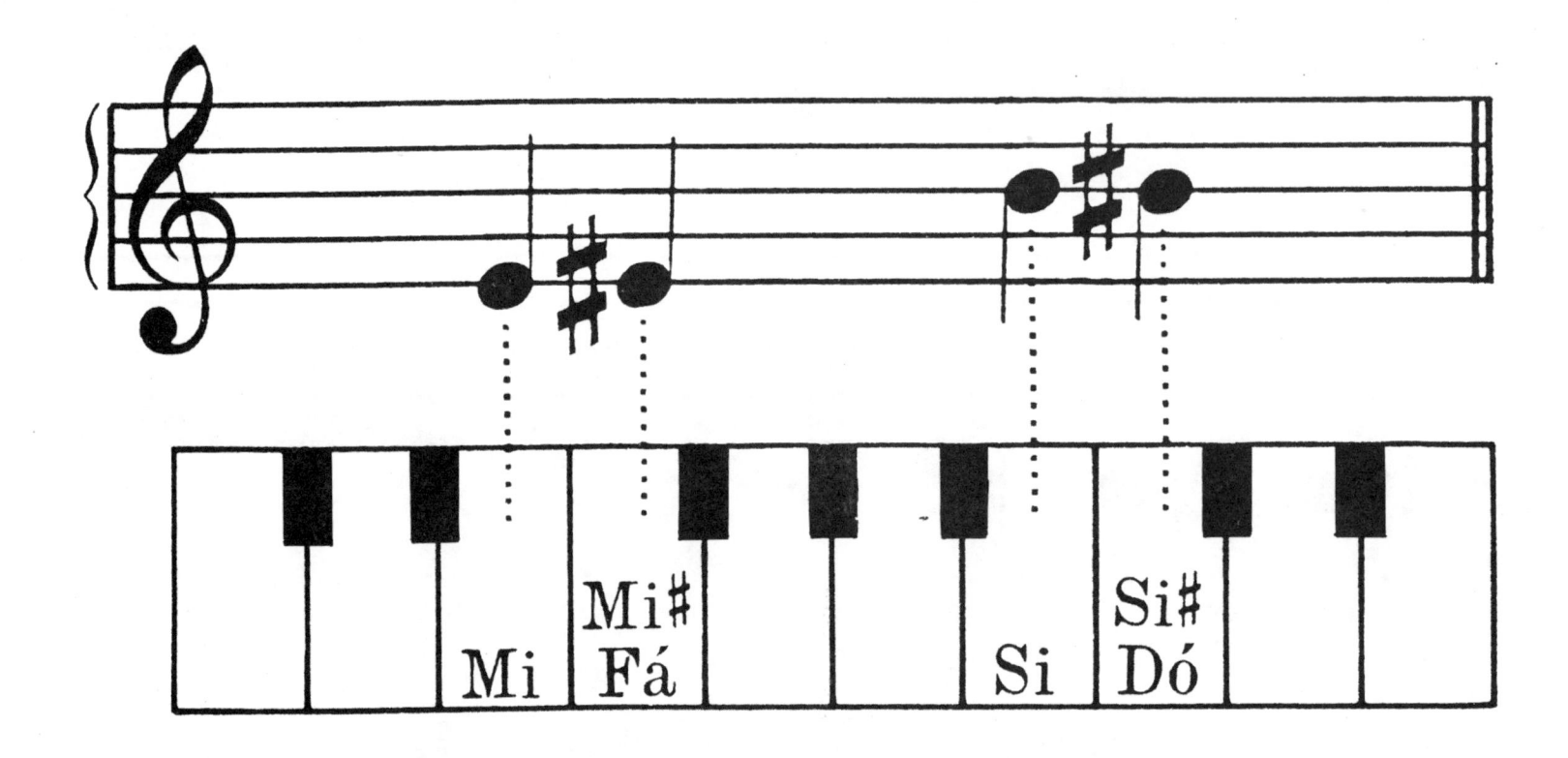

Como as notas, os Sustenidos são sete

O primeiro Sustenido chama-se .... Fá

O segundo Sustenido chama-se .... Dó

O terceiro Sustenido chama-se .... Sol

O quarto Sustenido chama-se .... Ré

O quinto Sustenido chama-se .... Lá

O sexto Sustenido chama-se .... Mi

O sétimo Sustenido chama-se .... Si

Os Bemóis também são sete

O primeiro Bemol chama-se .... Si

O segundo Bemol chama-se .... Mi

O terceiro Bemol chama-se .... Lá

O quarto Bemol chama-se .... Ré

O quinto Bemol chama-se .... Sol

O sexto Bemol chama-se .... Dó

O sétimo Bemol chama-se .... Fá

O **Dó Bemol** (♭) e o **Fá Bemol** (♭), também não podem morar nas teclas pretas, porque os bemóis descem meio passo; o **Dó Bemol** (♭) vai morar na tecla do **Si** e o **Fá Bemol** (♭) na tecla do **Mi**.

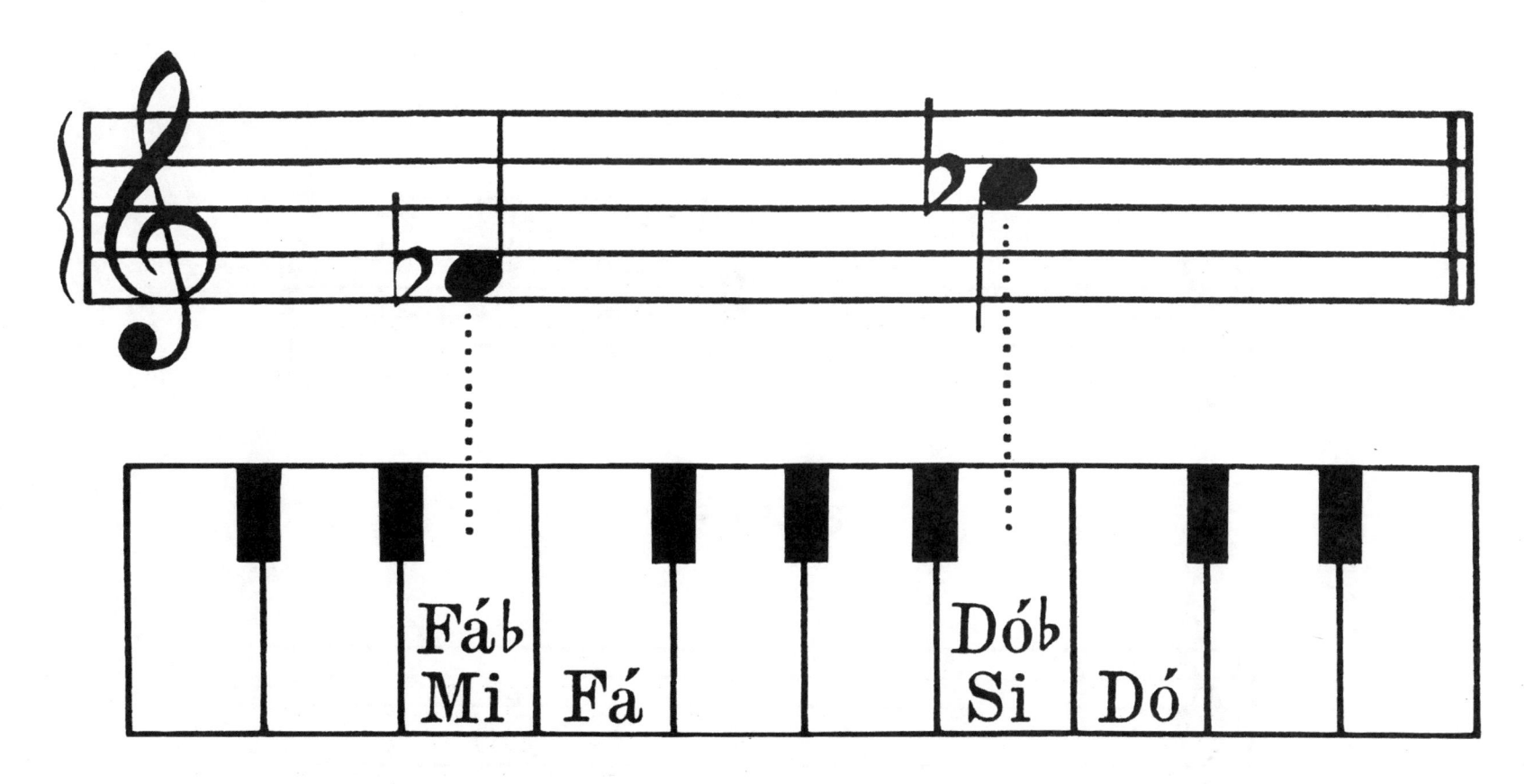

EXERCÍCIO N.º 29

Tratem de aprender logo a ordem dos **Sinais de Alteração**.

SUSTENIDOS

Fá   Dó   Sol   Ré   Lá   Mi   Si

BEMÓIS

Si   Mi   Lá   Ré   Sol   Dó   Fá

EXERCÍCIO N.º 30

Ler as notas e bater palmas

EXERCÍCIO N.º 31

Colocar os Travessões

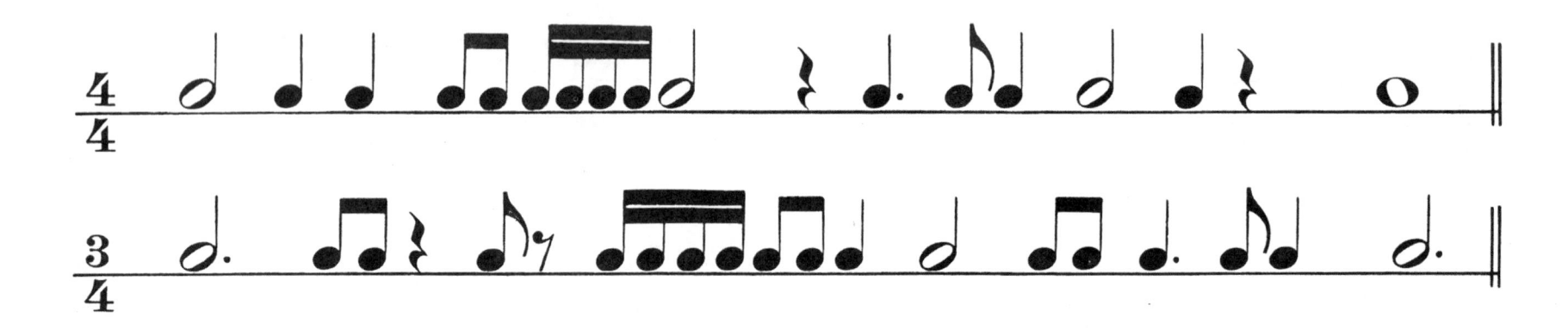

Completar os seguintes compassos; vocês poderão colocar pausas ou figuras.

EXERCÍCIO N.º 32

Preencher os seguintes compassos com figuras e pausas já conhecidas. Coloquem também algumas figuras pontuadas.

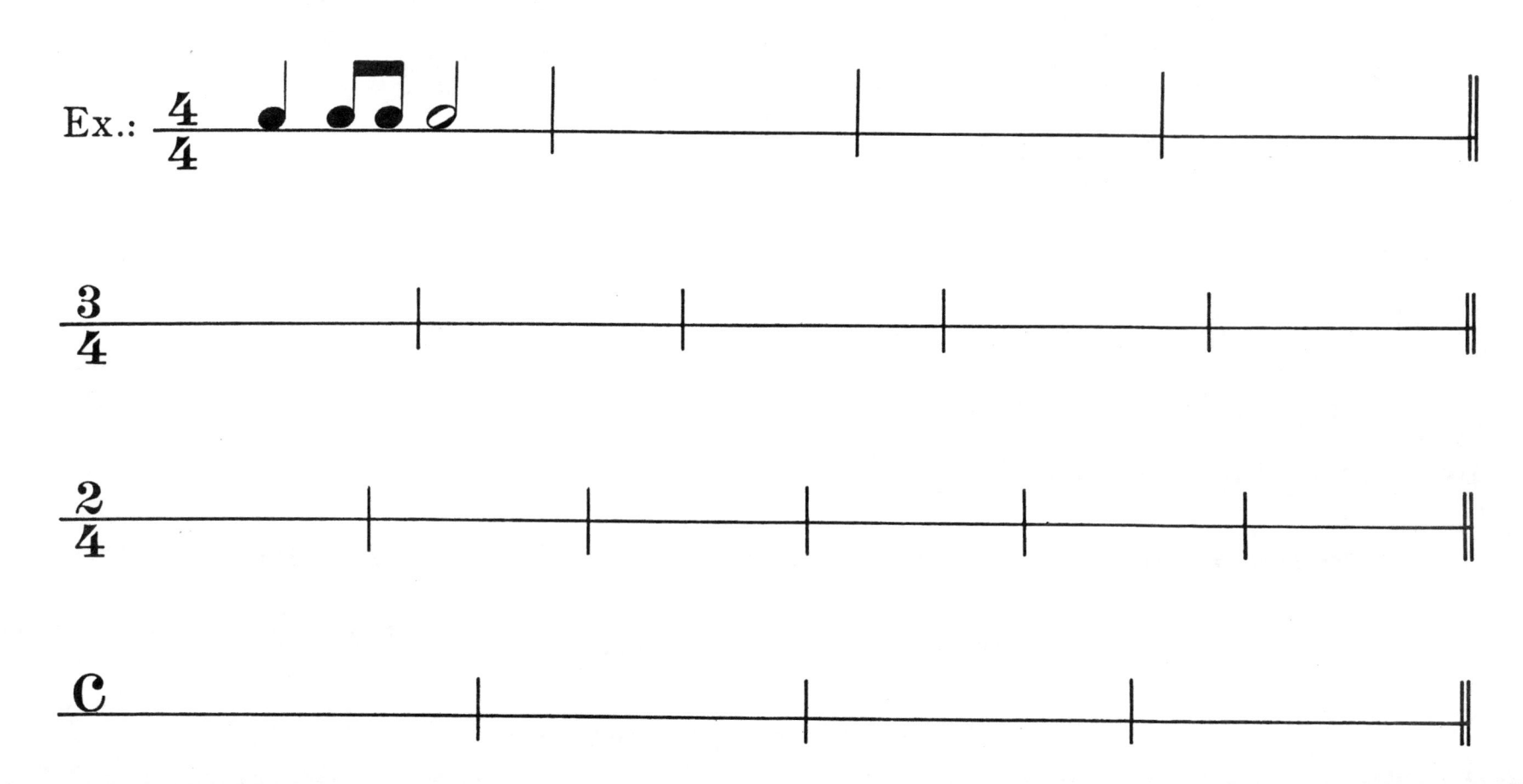

TOM E SEMITOM

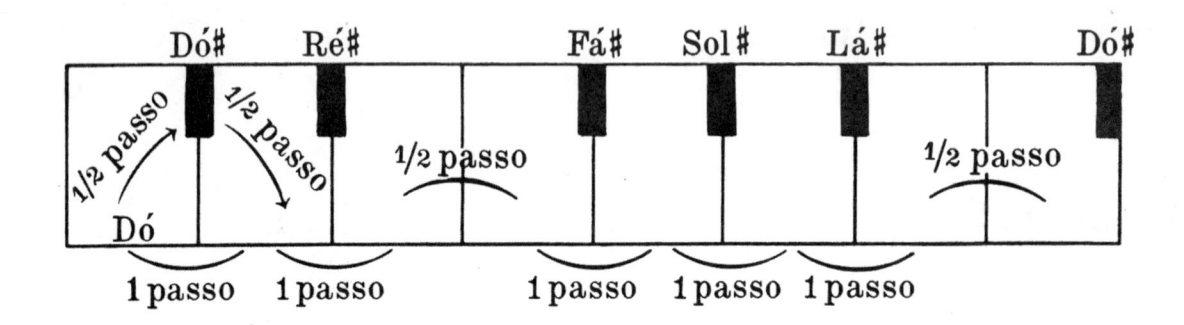

Passeando pelo teclado, podemos dar **Passos** e também **meios passos**.

Passando pelas teclas brancas **Dó** e **Ré**, daremos um **Passo**, porém, subindo da tecla branca **Dó** à pretinha **Dó ♯**, daremos só **meio passo**.

Os **meios passos** das teclas brancas são: de **MI** a **FÁ** e de **SI** a **DÓ**.

TOM = Um Passo

SEMITOM = meio passo

EXERCÍCIO N.º 33

Vocês vão olhar para esse teclado e contar, só nas teclas brancas, quantos **Tons** (passos) e **Semitons** (meios passos) ele contém.

Escrevam em baixo a resposta

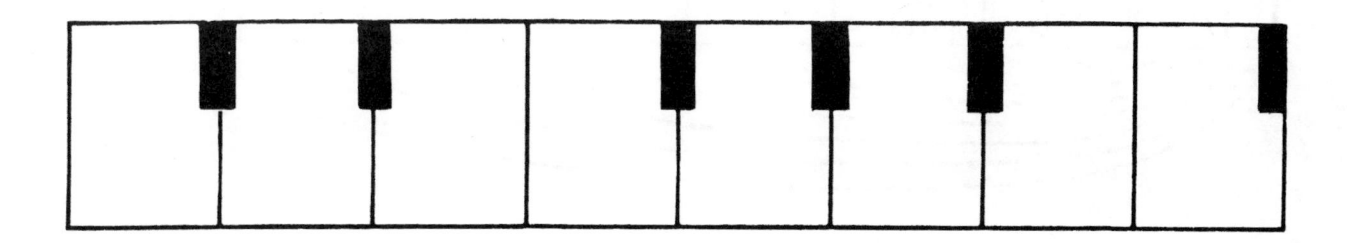

Resposta: _____

INTERVALOS

Agora que vocês já sabem o que é **Tom** e **Semitom**, será fácil conhecer os **Intervalos**.

A palavra intervalo quer dizer: espaço, distância.

Vejamos no teclado, o espaço que há entre o **dó** e o **mi**.

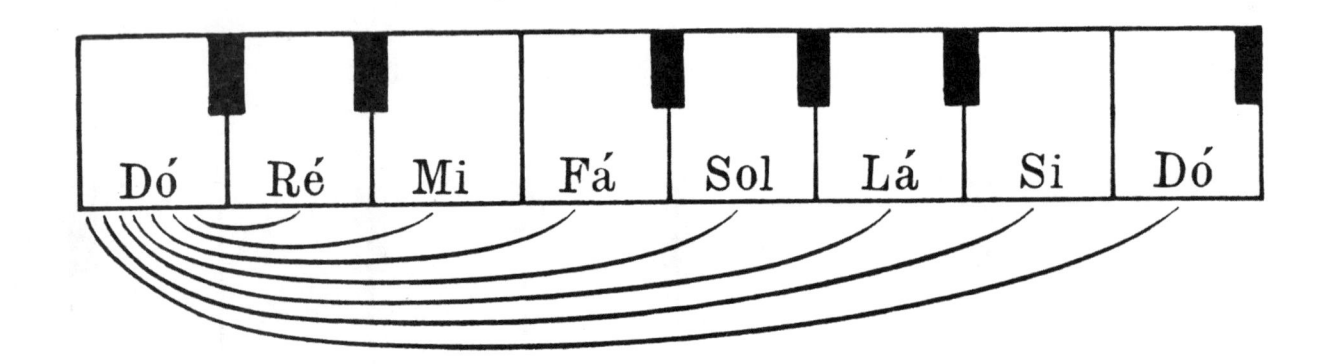

Vocês dirão que, entre o **dó** e o **mi** há um intervalo de terça; há portanto dois tons: de **dó** a **ré** um passo, **ré** a **mi** outro.

De dó a fá, há um intervalo de quarta, com dois tons e um semitom.

De dó a dó, há um intervalo de oitava, com cinco tons e dois semitons.

EXERCÍCIO N.º 34

Dizer quais os intervalos, os tons e semitons das seguintes notas: **dó a mi**; **dó a ré**; **dó a dó**; **dó a lá**; **dó a si**.

Ex.:

Resposta: dó a mi, intervalo de terça; dois tons.

dó a ré, intervalo de ?

dó a dó, intervalo de ?

dó a lá, intervalo de ?

dó a si, intervalo de ?

XII

PASSATEMPO MUSICAL

Vamos ler os seguintes ritmos batendo palmas como fazíamos no Curso de Iniciação Musical?

1.º) devemos observar o sinal de compasso;

2.º) quais as figuras que estão formando os ritmos.

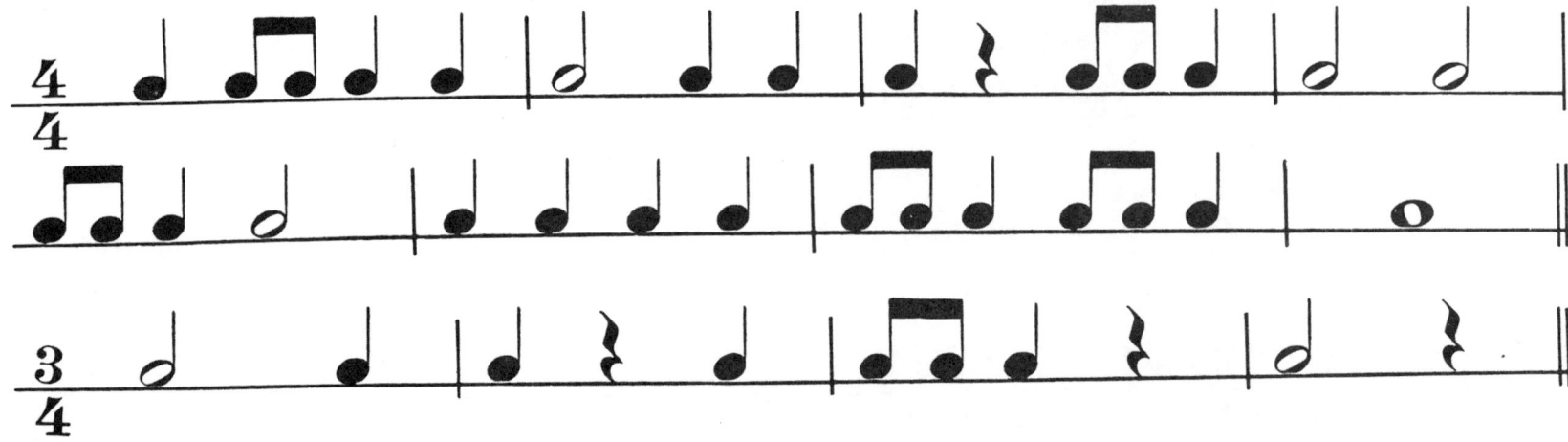

Agora vamos ler novamente, porém dizendo **tá, tá-tá, tá** etc. marcando o compasso.

ESCALA DIATÔNICA

No primeiro ano de "INICIAÇÃO MUSICAL" vocês aprenderam a escala de **Dó Maior** subindo uma **escada**. Em cada degrau morava uma nota.

Agora, vocês vão levar essas notas para a pauta e aprender a formar escalas **Diatônicas Maiores**.

Quando estudarmos os intervalos menores, vocês aprenderão também a formar as escalas menores.

Escala Diatônica é uma reunião de oito notas seguidas, formando passos e meios passos, isto é, **Tons** e **Semitons**.

As escalas servem para modificar a entoação das melodias.

ESCALA DIATÔNICA - DÓ MAIOR

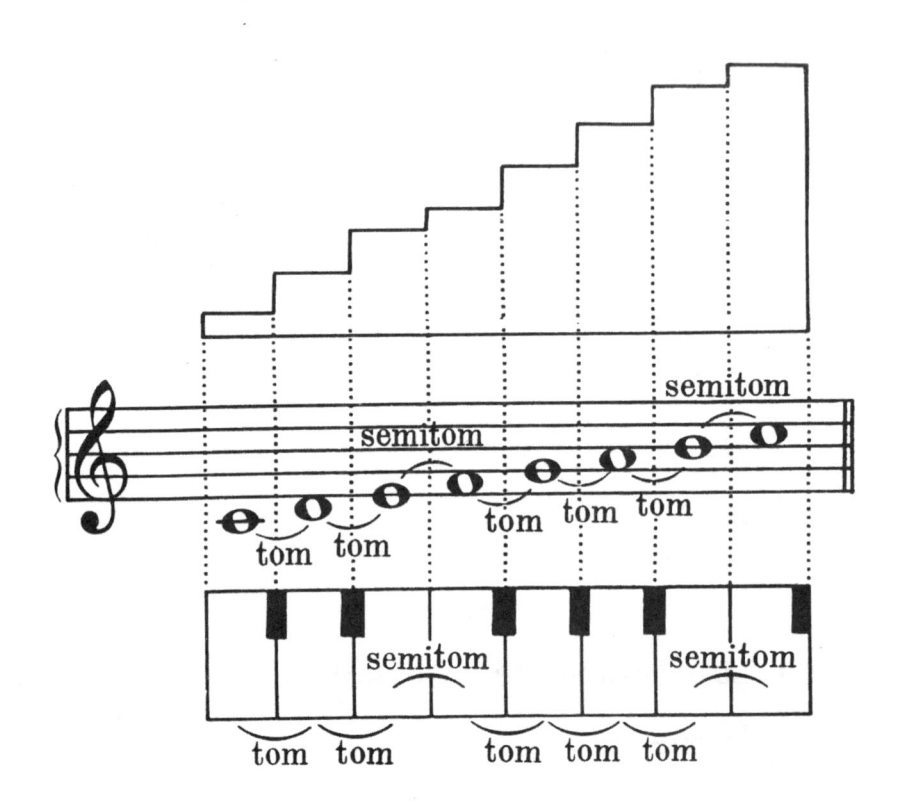

Reparem que a escala de Dó Maior tem: **cinco tons** e **dois semitons**.

GRAUS DA ESCALA

Se cantarmos a escala de **Dó Maior** passeando pela escada, diremos que o dó está no primeiro **degrau**, o ré no segundo e assim por diante.

Na pauta será muito simples: vamos tirar a primeira sílaba da palavra **degrau** e diremos que o dó está no primeiro **grau**, o ré no segundo, etc.

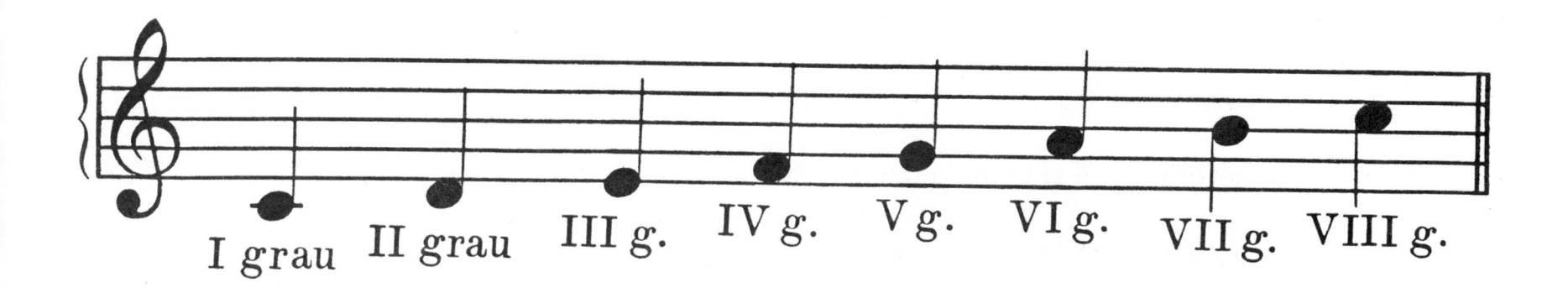

Cada **grau** da escala tem seu nome:

O primeiro	(I)	grau chama-se	Tônica
O segundo	(II)	grau chama-se	Supertônica
O terceiro	(III)	grau chama-se	Mediante
O quarto	(IV)	grau chama-se	Subdominante
O quinto	(V)	grau chama-se	Dominante
O sexto	(VI)	grau chama-se	Superdominante
O sétimo	(VII)	grau chama-se	Sensível
O oitavo	(VIII)	grau chama-se	Tônica

Os graus mais importantes são: I, IV, V.

TETRACORDE

Podemos dividir a escala diatônica em dois grupos de quatro notas. Cada grupo receberá o nome de **Tetracorde**.

ATENÇÃO

Antes de resolver o exercício seguinte, seria ótimo recordar a lição que fala nos **Sinais de Alteração**.

EXERCÍCIO N.º 35

Para formar as escalas, devemos saber muito bem a ordem dos sustenidos e dos bemóis.

Qual é o nome do 1.º Sustenido? — Resposta:_____

Qual é o nome do 2.º Bemol? — Resposta:_____

Qual é o nome do 2.º Sustenido? — Resposta:_____

Qual é o nome do 1.º Bemol? — Resposta:_____

DÓ MAIOR

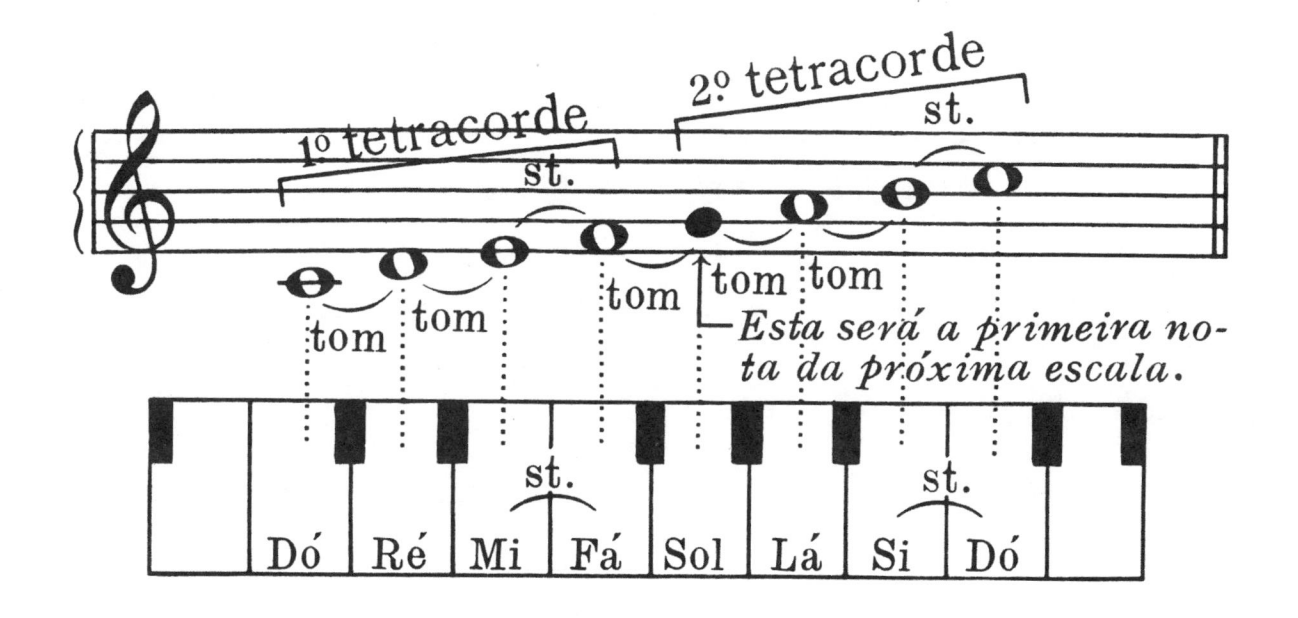

Os semitons estão, do III grau para o IV e do VII para o VIII.

O V grau (dominante) da escala de **Dó**, será a Tônica na escala de Sol (1.º grau).

Experimentem tocar no piano. Ponham o polegar no **dó**, segundo dedo no **ré**, terceiro no **mi**, novamente o polegar no **fá**, seguindo os outros dedos para cair o quarto dedo no **si** e o quinto no **dó**.

Seguindo o modelo da escala de **Dó Maior** podemos formar todas as escalas maiores, com sustenidos ou com bemóis; seguir o modelo, é conservar a mesma distância de tons e semitons.

ESCALA DE SOL MAIOR

A escala de **Sol Maior** usa só um sustenido (♯) que é o primeiro: **Fá**.

Vamos colocá-lo na pauta logo depois da clave.

O **Fá sustenido** faz conservar a mesma distância de meio tom que deve sempre existir do VII grau para o VIII.

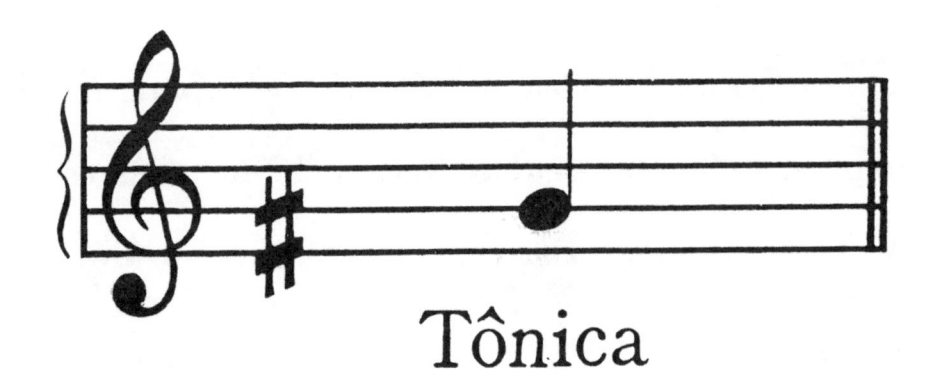

Tônica

SOL MAIOR

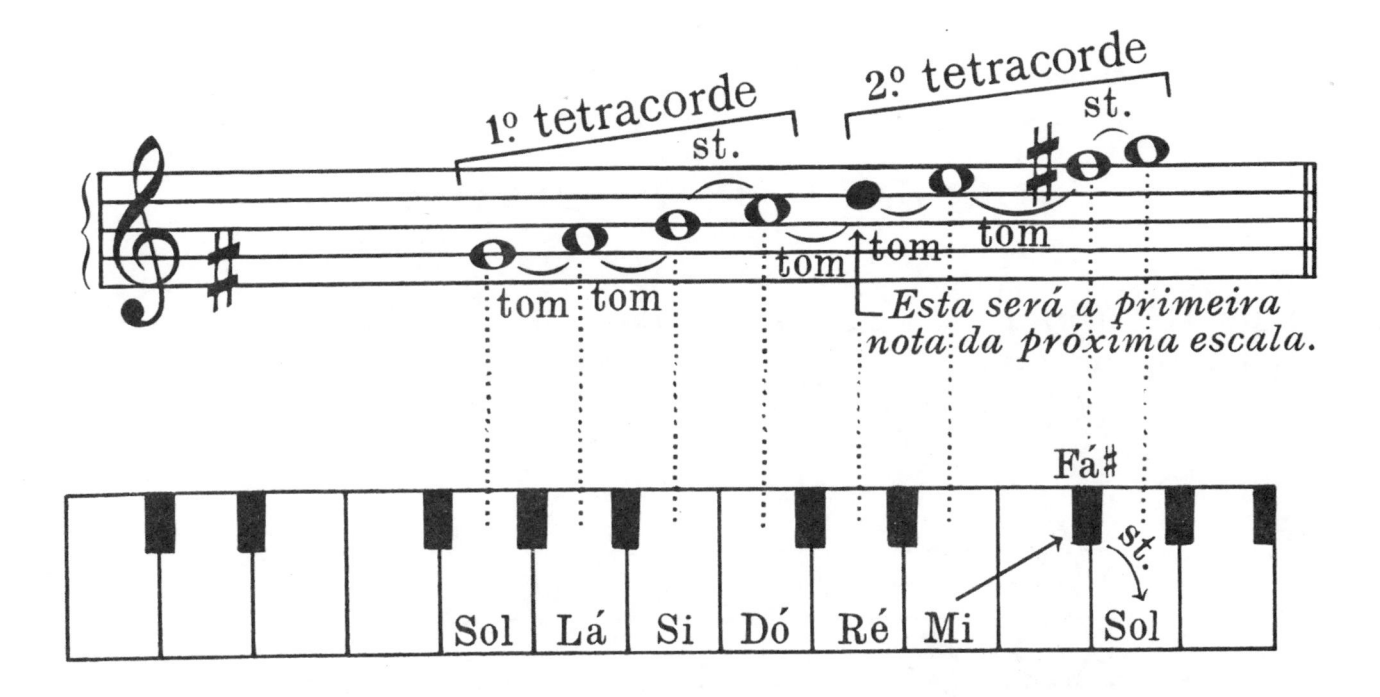

Experimentem tocar no piano. Coloquem o polegar no **sol**, segundo dedo no **lá**, terceiro no **si**, novamente o polegar no **dó**, seguindo os outros dedos para cair o quarto no **fá** ♯ e quinto no **sol**.

Encontramos os semitons de **si** para dó e de **fá** ♯ a sol.

Quem prestou atenção e estudou a escala de **Sol Maior**, poderá formar todas as escalas Maiores com sustenidos.

ESCALA DE RÉ MAIOR

A escala de **Ré Maior**, usa dois sustenidos: **fá** ♯ e **dó** ♯. Vejam bem como se colocam na pauta.

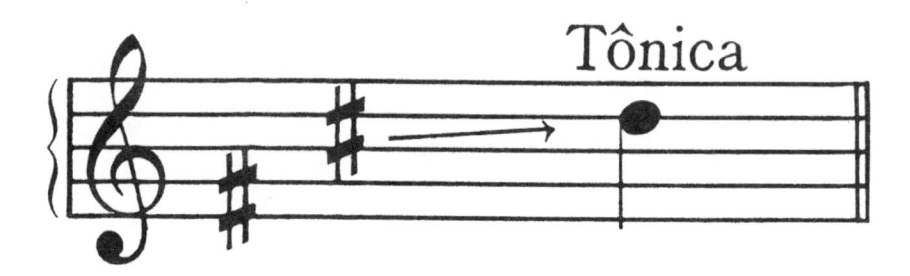

Outra maneira simples de você descobrir a nova **Tônica**, é subir meio tom partindo do último sustenido.

ESCALA DE RÉ MAIOR

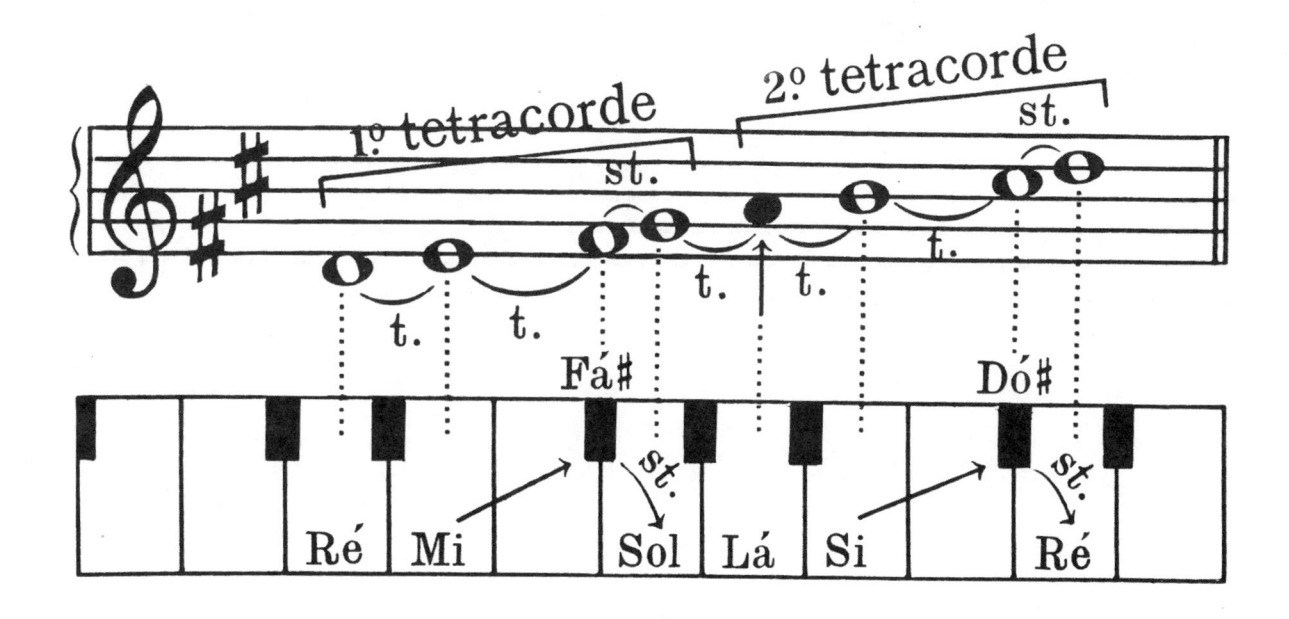

Experimentem tocar! O dedilhado é o mesmo das escalas de **dó** e de **sol**:

        1.º 2.º 3.º

        1.º 2.º 3.º 4.º 5.º

O **Lá** será a primeira nota (tônica) da nova escala; três sustenidos.

EXERCÍCIO N.º 36

Formar a escala que vai usar três sustenidos.

Formar a escala que vai usar quatro sustenidos.

EXERCÍCIO N.º 37

Formar a escala de Dó Maior.

Formar a escala de Sol Maior.

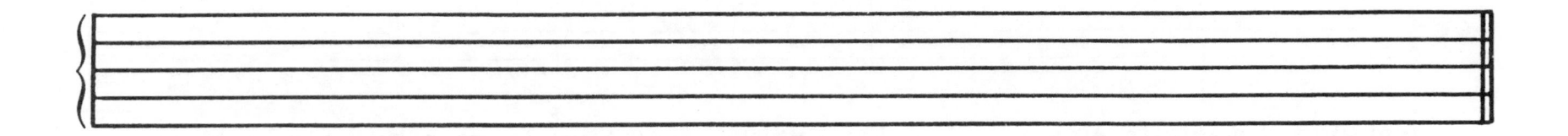

XIII

PASSATEMPO MUSICAL

Quando a música estiver escrita numa **Tonalidade** muito alta ou muito baixa, exigindo esforço para cantar, podemos mudar a escala, elevando ou abaixando sua entoação.

Vejamos a melodia seguinte, escrita em três **Tonalidades**.

SAI BICHO PAPÃO

Coloque o seguinte sinal: X, na Tonalidade mais cômoda para sua voz.

ESCALAS COM BEMÓIS

O nome do primeiro bemol é **SI**. Vejam como se coloca na pauta:

(exemplo musical: escala descendente com Si bemol, terminando na Tônica)

Agora vamos contar quatro notas descendo, partindo do Si ♭ ; o **Fá** será a primeira nota (Tônica) da nova escala.

ESCALA DE FÁ MAIOR

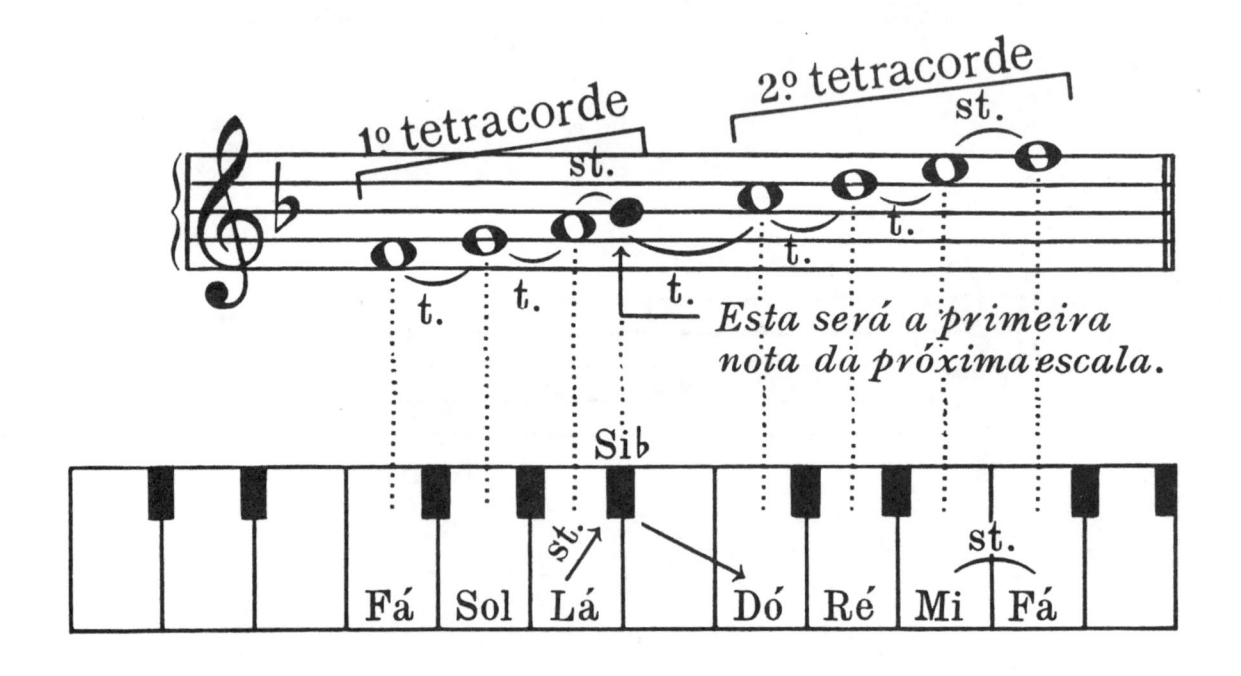

Esta será a primeira nota da próxima escala.

Reparem que os tons e semitons estão sempre nos mesmos graus.

Experimentem tocar no piano; o dedilhado é o seguinte: 1.º dedo no **fá**, 2.º no **sol**, 3.º no **lá**, 4.º no **si** ♭, 1.º no **dó**, continuando 2.º e 3.º, para cair o 4.º no **fá**.

O segundo bemol é **Mi**. Vamos colocá-lo na pauta ao lado do **Si** ♭.

Tônica

Contaremos quatro notas descendo a partir do último bemol; o **Si** ♭ será a primeira nota da nova escala.

O cantinho onde colocamos os sinais de alteração, ao lado da clave, chama-se: **ARMADURA DE CLAVE**.

ESCALA DE SI♭ MAIOR

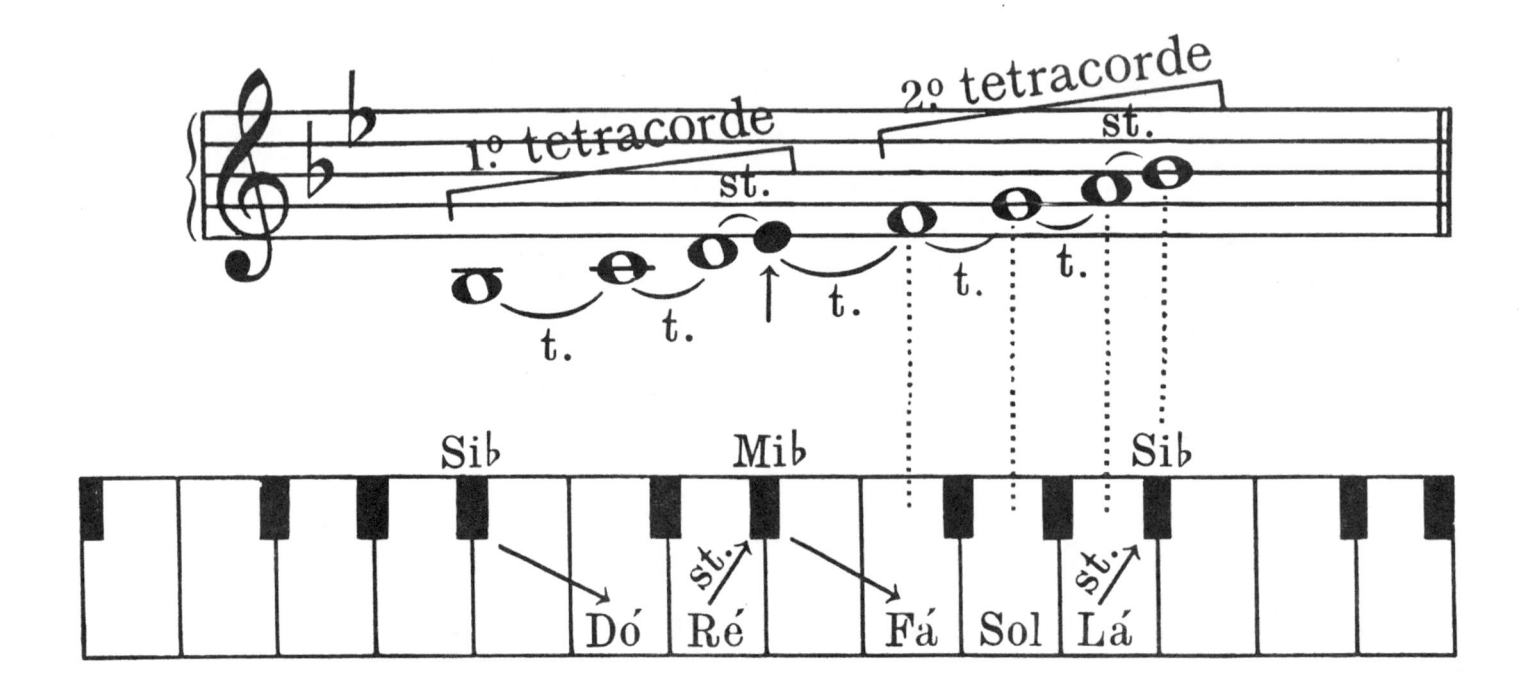

Experimente tocar!

Coloquem o 4.º dedo no **si** ♭, polegar (1.º) no **dó**, 2.º no **ré**, 3.º no **mi** ♭, polegar (1.º) no **fá**, 2.º no **sol**, 3.º no **lá** e o 4.º no **si** ♭.

Quando você tiver bemóis na **Armadura de Clave** e quiser saber o nome da escala, conte quatro notas (descendo) a partir do último bemol, ou diga o nome do penúltimo bemol.

Se houver sustenidos na **Armadura de Clave**, você subirá meio tom, partindo do último sustenido.

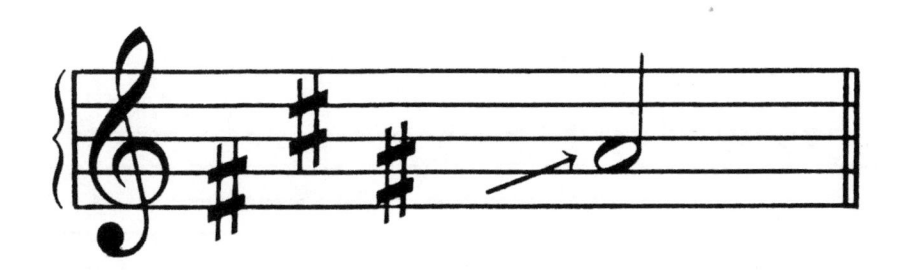

EXERCÍCIO N.º 38

Formar as escalas e escrever os nomes

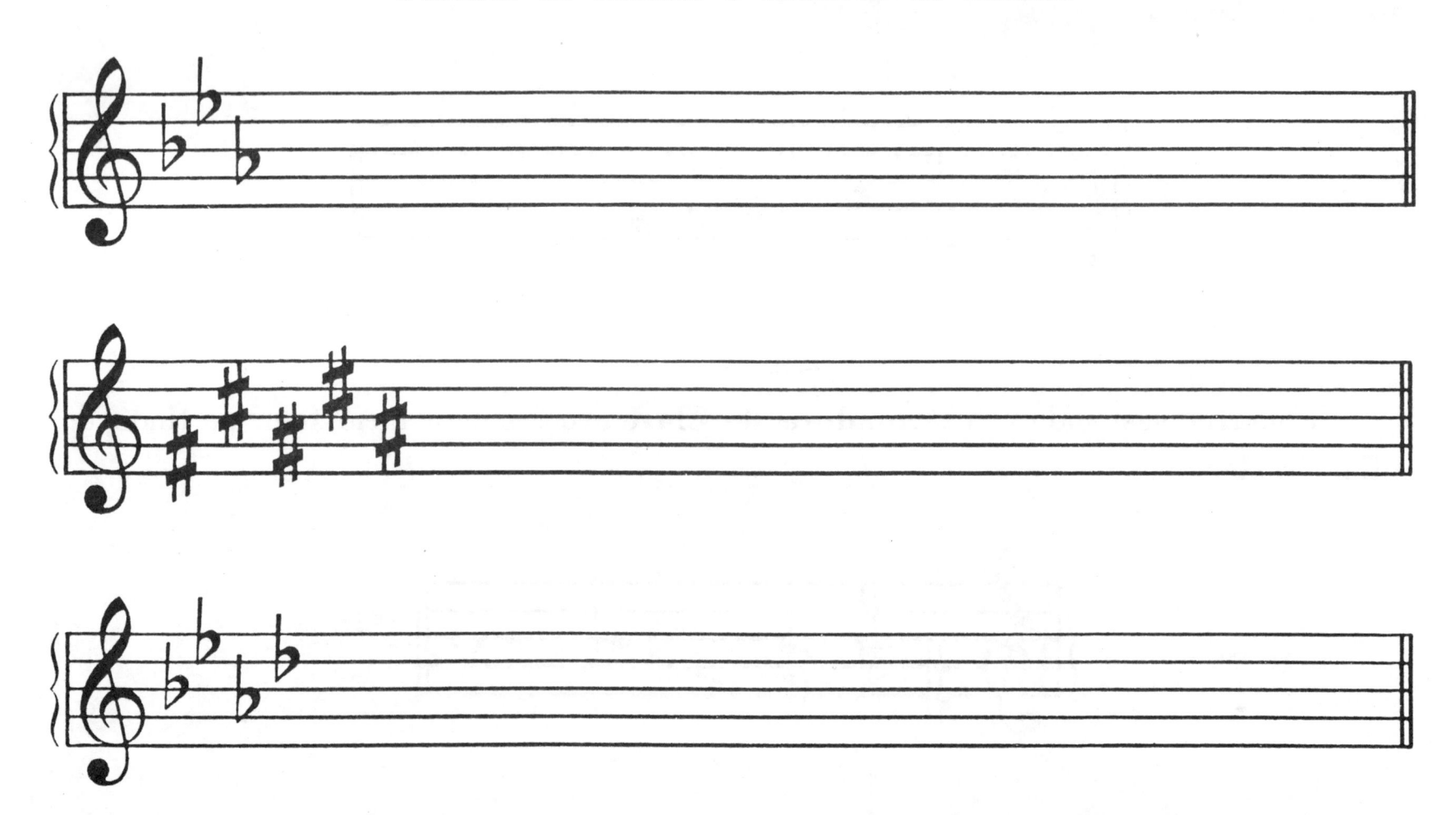

XIV

PASSATEMPO MUSICAL

Colocar o seguinte sinal: X, no tom preferido.

Ó FLOR

MEUS AMIGUINHOS

Vocês estão prontos para começar a estudar algum instrumento.

Porém ainda há muito que aprender. Para se construir uma casa, procuramos o engenheiro, que nos fará a planta com todas as indicações.

A casa começa com os alicerces; as paredes sobem e coloca-se o telhado. Depois vem o acabamento: reboco, as portas e janelas.

Poderíamos habitá-la; mas ninguém gosta de morar numa casa sem pintura! Será mais alegre se estiver pintada.

Com a música, acontece o mesmo, precisamos colorí-la. Na casa usamos tintas; na música, sinais de expressão.

ANDAMENTOS

Certas crianças pensam que correr é tocar bem!

No início de cada música, do lado esquerdo, acima da primeira pauta, costumam vir indicações como estas:

LENTO — ANDANTE — ALLEGRETTO — ALLEGRO

São palavras italianas que nos dizem se devemos tocar devagar ou depressa.

Lento — quer dizer que a música deve ser tocada bem devagar.

Andante — devemos tocar como se estivéssemos andando.

Allegretto — será mais depressa que **Andante**.

Allegro — Tocar com alegria, mas sem correr. Se encontrarem palavras como estas:

VIVACE, VIVO, PRESTO, PRESTISSIMO, chegou o momento de correr.

Às vezes aparecem dentro dos compassos, sinais abreviados como estes:

accel. — *rall.*;

accel. — quer dizer: *accelerando*; devemos apressar, porém só os compassos marcados;

rall. — quer dizer: *rallentando*; devemos tocar atrasando o movimento.

A tempo — quer dizer: voltar ao primeiro andamento, marcado na peça.

SINAIS DE INTENSIDADE

As letras isoladas que aparecem nas músicas, servem para indicar o colorido; umas pedem que toquemos forte, outras bem suave (piano).

p = piano

mp = meio piano

pp = pianíssimo (baixinho)

f = forte

mf = meio forte

ff = bem forte (fortíssimo)

Quando encontrarmos este sinal ━━━━◁ , começaremos suave e faremos um crescendo.

Se estiver ao contrário ▷━━━━ , começaremos forte e diminuiremos:

crescendo   *diminuindo*

XV

PASSATEMPO MUSICAL

Bandinha rítmica

Sapo Jururú

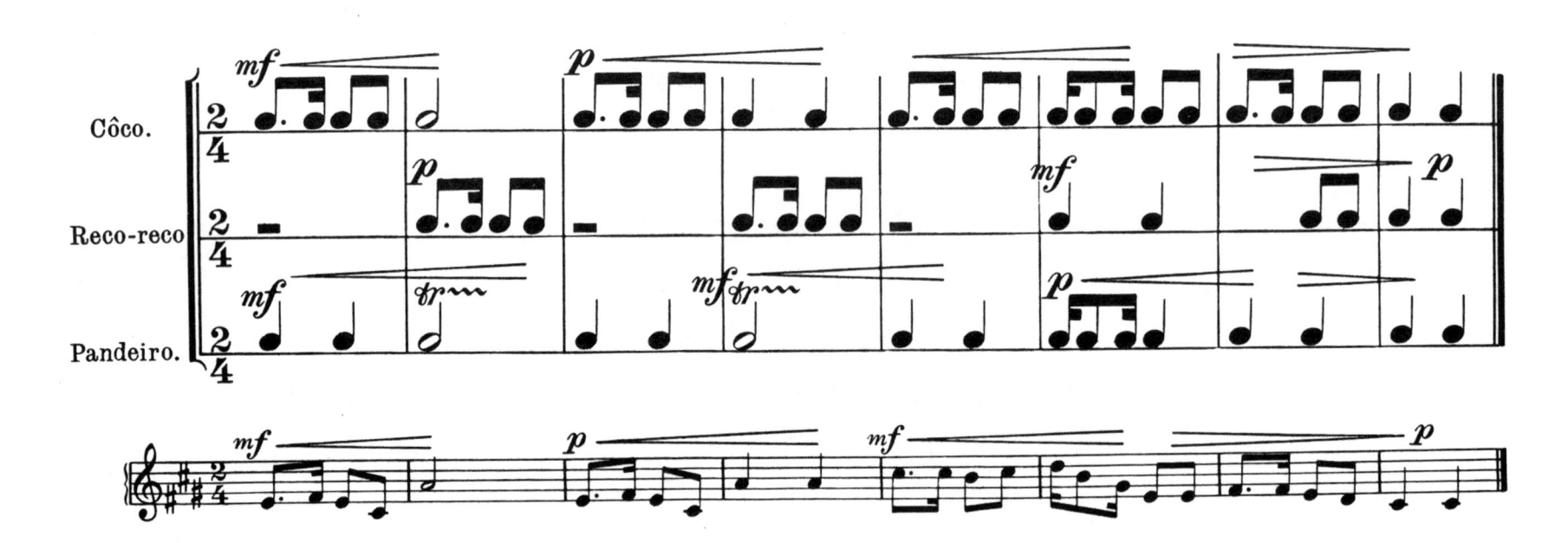

Ampliar o ritmo.

Um sinal como este: > sobre uma nota, indica que devemos acentuá-la mais que as outras.

FERMATA

A palavra **Fermata** é de origem italiana e quer dizer: **Parada**.

O sinal **Fermata** 🠓 pede que prolonguemos a duração dos sons ou das pausas.

LINHA DE OITAVA = 8.ª

A linha de oitava serve para mudar o lugar das notas.

Tocaremos oito notas acima

Assim:

Se a linha de oitava estiver colocada abaixo das notas, tocaremos uma oitava abaixo.

Tocaremos oito notas abaixo

Assim:

"**Legato**" e "**Staccato**" — são palavras de origem italiana e sinais importantes no colorido da música.

"**Legato**" quer dizer: ligado. É representado por um sinal curvo (uma ligadura).

Essas notas deverão ser tocadas bem ligadas, sem interromper o som, isto é, levantar a nota anterior, só quando tiver tocado a seguinte.

XVI

PASSATEMPO MUSICAL

Vamos cantar

Coelhinho da Páscoa

1.º) devemos solfejar marcando o compasso; solfejar é entoar dizendo os nomes das notas;

2.º) cantar dizendo a letra.

Letra e Música inventadas pelas crianças da Escola Nacional de Música, em 1959, no "Curso de Iniciação Musical", 2.º ano de quintas-feiras.

"**Staccato**" quer dizer: destacado (pulado); é representado por um ponto.

O "staccato" simples é um ponto colocado em cima ou em baixo da nota, tirando-lhe metade de seu valor.

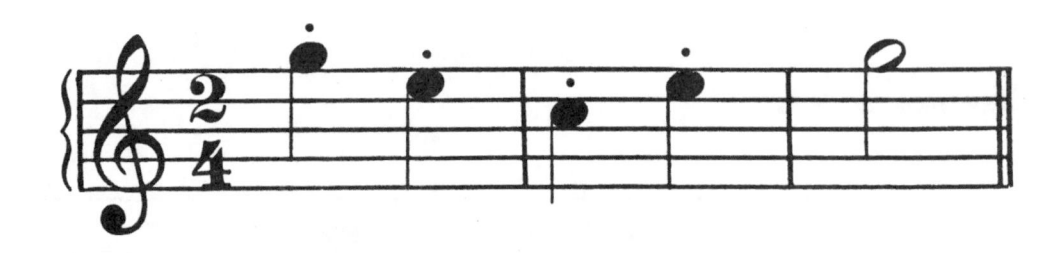

Como devemos tocar

SINAIS DE REPETIÇÃO

Há melodias que precisamos repetir várias vezes. Para economizar espaço, usamos dois travessões juntos com dois pontos indicando a repetição 𝄇 . O sinal de repetição chama-se: **Ritornello** (Volta).

Com o **Ritornello**, vocês poderão repetir essa melodia.

A esta altura vocês já devem ter visto um sinal como este: |1ª | |2ª |
É um aviso para voltar e tocar novamente a melodia.

Na primeira vez tocaremos até o sinal |‾1ª‾|; na segunda pularemos o |‾1ª‾| e tocaremos o |‾2ª‾|.

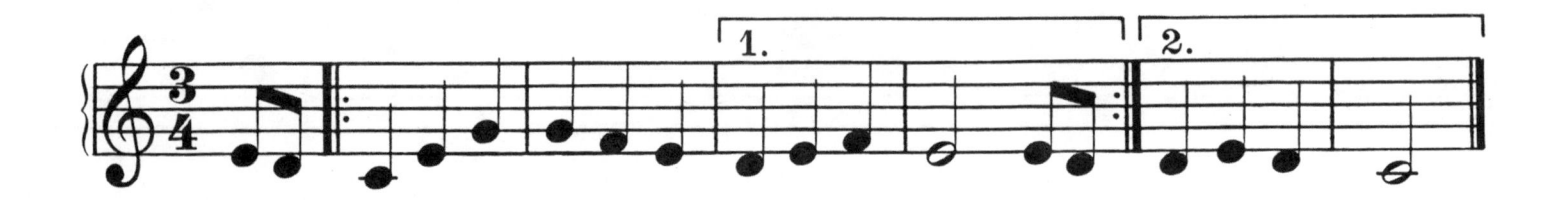

XVII

PASSATEMPO MUSICAL

Bandinha rítmica

O Cravo brigou com a Rosa

Ampliar o ritmo.

RESULTADOS DOS PASSATEMPOS

I — Garibaldi foi à missa.

II — Ainda não comprei.

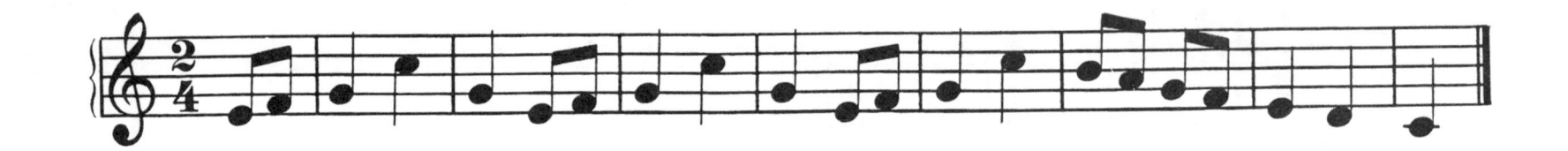

Ciranda, Cirandinha

ÍNDICE

As sete notas	30	Exercício n.º 6	35
Atenção	119	Exercício n.º 7	37
Andamentos	137	Exercício n.º 8	39
Bater o Compasso	26	Exercício n.º 9	41
Claves	17	Exercício n.º 10	46
Clave de Sol	19	Exercício n.º 11	47
Clave de Fá	20	Exercício n.º 12	48
Compasso Binário	26	Exercício n.º 13	53
Compasso Ternário	27	Exercício n.º 14	59
Compasso Quaternário	28	Exercício n.º 15	61
Como devemos escrever as figuras	50	Exercício n.º 16	66
Divisão de Compassos	68	Exercício n.º 17	69
Dó Maior	121	Exercício n.º 18	70
Escala Diatônica	115	Exercício n.º 19	70
Escala de Sol Maior	122	Exercício n.º 20	71
Escala de Ré Maior	124	Exercício n.º 21	78
Escalas com Bemóis	129	Exercício n.º 22	80
Escala de Fá Maior	130	Exercício n.º 23	87
Escala de Sib Maior	132	Exercício n.º 24	91
Exercício n.º 1	21	Exercício n.º 25	93
Exercício n.º 2	22	Exercício n.º 26	96
Exercício n.º 3	25	Exercício n.º 27	97
Exercício n.º 4	27	Exercício n.º 28	98
Exercício n.º 5	33	Exercício n.º 29	106
Exercício n.º 30	107	Passa Tempo Musical VIII	79
Exercício n.º 31	108	Passa Tempo Musical IX	83
Exercício n.º 32	109	Passa Tempo Musical X	88
Exercício n.º 33	111	Passa Tempo Musical XI	92
Exercício n.º 34	113	Passa Tempo Musical XII	114

Exercício n.º 35	120	Passa Tempo Musical XIII	128
Exercício n.º 36	126	Passa Tempo Musical XIV	135
Exercício n.º 37	127	Passa Tempo Musical XV	140
Exercício n.º 38	134	Passa Tempo Musical XVI	145
Figuras ou Valores Positivos	49	Passa Tempo Musical XVII	149
Fermata	141	Ponto de Aumento	76
Graus da Escala	117	Prefácio	5
Intervalos	111	Pré-Teórico	13
Introdução	7	Representantes das Figuras	85
Ligadura	73	Resultados dos Passatempos	150
Linha de Oitava	142	Sinais de Compasso	23
"Legato"	144	Sons Graves, Médios e Agudos	44
Meus Amiguinhos	136	Sinais de Alteração	99
Pauta ou Pentagrama	15	Sinais de Intensidade	139
Pausas ou Valores Negativos	56	Sinais de Repetição	147
Passa Tempo Musical I — Canção das Claves	19	"Staccato"	146
Passa Tempo Musical II — Retrato de Música	54	Travessão	48
Passa Tempo Musical III — Bandinha Ritmica	60	Tempos	81
Passa Tempo Musical IV	62	Tom e Semitom	110
Passa Tempo Musical V	67	Tetracorde	119
Passa Tempo Musical VI — Vamos escrever música	72	Unidade de Tempo	89
		Unidade de Compasso	94
Passa Tempo Musical VII	74	Valores Positivos e Negativos	57